Boubacar Sidighi Diallo

Coopération décentralisée

Isère-Tambacounda-Kédougou

Les leçons d'une expérience
de développement territorial

Préface de Vincent Plauchu

L'Harmattan

5-7, rue de l'École-Polytechnique, 75005 Paris
http://www.editions-harmattan.fr
ISBN : 978-2-343-13148-1
EAN : 9782343131481

Coopération décentralisée

Isère-Tambacounda-Kédougou

Remerciements

Ce livre n'aurait certainement pas vu le jour sans le concours précieux de personnes rencontrées depuis plus de 10 ans en France, au Sénégal et en Guinée. Merci tout d'abord à ma famille pour ce temps pris pour nos études, à mon épouse, au département de l'Isère ; aux Tambacoundois, Kédovins et Isérois. Toute ma reconnaissance au trio LFK, à frère Simane et famille, à Christian Dominique Darlan et Vincent Plauchu pour leur disponibilité. Ma gratitude à la famille Sow, singulièrement à ma défunte Tante Yébhè. À mes interlocuteurs et compagnons au Sénégal, un grand « dieureudieuf » pour l'accueil et la qualité de la collaboration. À Sansy, Demba, Kobélé, Delpi, Fabara, Isabelle et à tous les futuristes ; l'aventure continue.

À Papa

SOMMAIRE

GLOSSAIRE

AFD : Agence française de Développement

AMD : Aide Médicale et Développement

AME : Association des Minorités Ethniques

ARD : Agence régionale de Développement

CDEPS : Centre départemental d'Éducation Populaire et Sportive

CFP : Centre de Formation Professionnelle

CFPESF : Centre de Formation Professionnel en Économie Sociale et Familiale

CMC : Centre Multimédia Communautaire

CORENA : Conservatoire de la Réserve Naturelle

CREN : Centre de Récupération et d'Éducation Nutritionnelle

CRLVF : Comité régional de Lutte contre les Violences faites aux Femmes et Filles

CMRN : Comité Militaire de Redressement National

F3E : Fonds pour la Promotion des Études Préalables, Études transversales et Évaluations

FAI : Fédération des Alpages de l'Isère

FFCU : Fédération française des Clubs Unesco

FFEM : Fonds français pour l'Environnement Mondial

FNUAP : Fonds des Nations Unies pour la Population (en Français)

GIE : Groupement d'Intérêt Économique

GRDR : Groupe de Recherche et de Réalisation pour le Développement rural

GRED : Groupe de Recherche pour l'Eco Développement

IDH : Indice de Développement Humain

IUFM : Institut Universitaire de Formation des Maîtres

LPNDDL : Lettre de Politique Nationale de Décentralisation et de Développement Local

MAEDI : Ministère des Affaires étrangères et du Développement international

MATD : Ministère de l'Administration du Territoire et de la décentralisation

MVAT : Ministère de la Ville et de l'Aménagement du Territoire

MDE-DIRFEL : Maison Des Éleveurs, Directoire des Femmes en Élevage.

ONG : Organisation Non Gouvernementale

PAPIL : Programme d'Appui à la Petite Irrigation Locale

PAISD : Programme d'Appui aux Initiatives de Solidarité pour le Développement.

PASDD : Programme d'Appui Sectoriel à la Décentralisation et à la Déconcentration

PLD : Plan local de Développement

PDL : Plan de Développement local

PRDI : Programme régional de Développement Intégré

RNC : Réserve Naturelle Communautaire

SAD : Syndicat Apicole Dauphinois

SERACCO : Service régional d'Appui aux Collectivités et à la Coordination des Interventions des ONG

SITSO : Syndicat d'Initiatives et du Tourisme au Sénégal Oriental

TADECK : Tourisme Association pour le Développement de l'Environnement et de la Communauté de Kédougou

UPA : Unité de Production Artisanale

UICN : Union Internationale pour la Conservation de la Nature

USAID : Agence de Développement des États-Unis (en français).

PRÉFACE

Vincent PLAUCHU
Maître de Conférences honoraire
de l'Université Pierre Mendès France (Grenoble)

Les années passent, mais les problèmes demeurent : le « développement » reste l'attente de centaines de millions d'humains dans les pays du Sud. La non-couverture des besoins de base est une grave injustice, une honte pour l'humanité et un défi constant des politiques publiques. Et au-delà de l'impératif de sortir de la pauvreté, les hommes aspirent à pouvoir prendre leur vie en main et à être acteurs de leur développement.

Quoi de neuf en la matière ?

L'idéologie dominante continue à croire et à faire croire que la croissance et le développement sont la même chose, et à les confondre avec le développement du capitalisme, de la marchandisation, du libre-échange généralisé. L'échec du consensus de Washington et des Plans d'Ajustement Structurels (PAS) du Fonds Monétaire International et de la Banque Mondiale est pourtant patent. On leur a substitué un discours de bons sentiments : les objectifs du Millénaire, mais les ingrédients et la recette sont toujours les mêmes : rejoindre le grand marché mondial et la concurrence de tous contre tous dans l'échange marchand généralisé.

Il y a quand même du neuf, et qui est source d'espoir : de partout les acteurs de base se coordonnent sur le terrain, et, avec l'appui des collectivités locales (– dans les pays où une réelle décentralisation leur donne un minimum de compétences –), ils élaborent ***des projets de territoire et des plans de développement local*** basés sur l'action collective pour la valorisation des ressources locales. C'est ce qu'on appelle souvent « le développement territorial ».

Dans ces pays (Mali, Maroc, Sénégal…), ce nouveau type de dynamique suscite de grands espoirs, parce qu'il peut faire état de vraies réussites.

Le livre de M. Boubacar Sidighi Diallo nous présente justement une de ces réussites : l'expérience de développement local dans le sud-est du Sénégal avec les régions de Tambacounda et de Kédougou.

Cette expérience est très originale, car elle s'est appuyée sur une étroite coopération non pas avec les grands organismes mondiaux de développement ni avec les grandes ONG spécialisées, mais avec une collectivité locale du Nord (le département de l'Isère – autour de Grenoble – en France) et les acteurs de base que celle-ci a su mobiliser.

En France, on appelle ce monde de coopération avec le Sud, ***coopération décentralisée***, puisque ce n'est pas l'État français (ni l'un de ses grands organismes) qui intervient, mais une collectivité locale dans le cadre des nouvelles compétences que la décentralisation leur a confiées.

Mais ce livre a aussi un autre intérêt : le cas qui nous est présenté n'est pas abordé par le haut (ou de loin) ni par le bas (manque de recul), mais par le cœur. En effet, Boubacar Sidighi Diallo a eu la chance incroyable de se retrouver « coordinateur » de cette opération, sur place au Sénégal, au centre d'un très dense faisceau d'interrelations et d'interactions. Au passage, il nous raconte aussi comment, lui, petit étudiant guinéen en sciences économiques, sans « piston » ni « parrain », mais bosseur acharné (titulaire de deux masters français : un master recherche en économie et politiques internationales et un master professionnel en ingénierie de développement territorial) a pu se retrouver à ce poste passionnant.

Ainsi, nous avons en fait quatre livres en un : la présentation d'une expérience de développement originale et la narration d'un parcours exceptionnel, mais aussi une réflexion approfondie sur le métier de chargé de coordination d'une opération de développement territorial, et une ouverture sur la possible utilisation de la coopération décentralisée par les collectivités locales guinéennes dans le cadre d'un approfondissement de la décentralisation dans ce pays.

Bonne lecture !

Vincent PLAUCHU

INTRODUCTION

Depuis quelques années, on peut remarquer une présence de plus en plus forte sur la scène internationale d'un nouvel acteur revendiquant une certaine place en matière de développement économique et social. Cet acteur n'est autre que les **collectivités locales** de certains pays développés (France, Belgique, Espagne...) qui veulent mettre en œuvre une solidarité active avec des collectivités locales de pays en développement. Il s'agit là d'un mouvement important que ces pays appuient en confiant à des institutions infranationales une part de la responsabilité dans la conduite de leur politique de coopération internationale pour le développement. Ce mouvement est aussi une des conséquences de la nécessité d'une meilleure prise en compte des réalités locales dans la conduite des politiques publiques. Ainsi, à l'international, à côté des États, des Organisations Non Gouvernementales (ONG), des entreprises, et de diverses organisations interétatiques, s'activent désormais des collectivités locales de tous les continents apportant leur aide financière, mais aussi une méthodologie du développement : la promotion d'une démarche de travail visant essentiellement à mieux prendre en compte les réalités locales et à faire des populations, de vrais acteurs dans la conduite des politiques de développement.

En Afrique, à partir des années quatre-vingt, après un centralisme souvent à outrance pratiqué dans la plupart des pays au lendemain des indépendances, et dans un contexte global mouvementé (crise socioéconomique, plans d'ajustement structurel...), on voit apparaître les premiers processus de décentralisation. Dans de nombreux États, notamment francophones, en proie à des tensions politiques, économiques et sociales, la décentralisation est ainsi considérée comme une réponse permettant à l'État de retrouver une certaine légitimité et de l'efficacité dans son action au quotidien. Dans cet espace francophone, l'expérience française en la matière devient très vite une source d'inspiration pour la conception et la mise en œuvre de cette nouvelle façon de penser et de mener l'action publique. L'orientation politique ainsi amorcée vise essentiellement à promouvoir le développement par le bas (par une meilleure prise en compte des réalités locales physiques, culturelles, ethniques, sociologiques) et l'ancrage de la démocratie (avec une participation des populations à la conduite des politiques publiques dont elles sont les bénéficiaires). Cette évolution se retrouve dans beaucoup de pays en Afrique (notamment subsaharienne), et le Sénégal n'est pas en reste dans ce mouvement. D'importantes réformes ont été menées dans le champ de la décentralisation pour mieux affirmer et outiller les collectivités locales dans l'exercice de leurs responsabilités.

Encadré 1 : Historique de la décentralisation au Sénégal[1]

Le Sénégal a hérité depuis la fin du XIXe siècle d'un embryon de système de collectivités locales, copié sur celui de la France, la puissance coloniale d'alors. Très tôt le Sénégal a connu un processus de communalisation avec la création de Saint Louis (1872), Gorée (1872), Rufisque (1880) et Dakar (1887). En 1903, vingt « communes mixtes » (où la fonction de maire est assurée par un administrateur municipal nommé par le pouvoir central) sont créées. Avec l'indépendance en 1960, la décentralisation s'affirme : le nombre de communes passe progressivement à 37 puis à 48, tandis que les communes à statut spécial (les « communes mixtes ») disparaissent. Par ailleurs, une loi de 1972 institue des « communautés rurales » dans le but de créer de véritables centres de développement. Leur administration est cependant confiée à un sous-préfet. Enfin, une communauté urbaine de Dakar est créée en 1983, qui sera dissoute en 2001. La décentralisation se poursuit avec des réformes successives jusqu'au tournant décisif de 1996, marqué par la création de 12 nouvelles communes et, surtout, par l'adoption de plusieurs textes importants, dont la loi 96-06 du 5 février 1996 portant Code des collectivités locales[2] et la loi 96-07 relative aux compétences transférées à ces dernières.

Le Sénégal comme indiqué a décidé au début des années quatre-vingt-dix, de passer à une nouvelle phase de la décentralisation avec la régionalisation en 1996, accompagnée par la création en 1998, de l'Agence régionale de Développement (ARD), véritable instrument

[1]Agence française de Développement et Banque Mondiale (2011), « l'économie politique de la décentralisation dans quatre pays subsahariens (Burkina Faso, Sénégal, Ghana, Kenya) », *Agence française de Développement*, Collection Recherches, n° 3, p.123. http://www.villedesaintlouis.com, www.villededakar.org, www.mairiederufisque.org

[2]Cette loi a érigé la région en collectivité locale.

d'appui à la maîtrise d'ouvrage locale[3] au service des collectivités locales et d'appui technique aux autres acteurs et partenaires du développement local. Par ailleurs, dans la mise en œuvre de ces processus de décentralisation, dans différents pays, comme au Sénégal, la législation reconnaît aux collectivités locales, la possibilité de nouer des relations avec divers partenaires (collectivités locales incluses) y compris de l'étranger pour mobiliser différentes ressources, bénéficier d'expertises techniques et conduire ensemble différents projets pour créer les conditions d'un développement porté par des dynamiques locales. En France aussi, des évolutions majeures sont observées dans le processus de décentralisation. La Loi n° 2007-147 du 2 février 2007 relative à l'action extérieure des collectivités territoriales et de leurs groupements, dite loi « Thiollière », met encore plus en exergue cette capacité d'agir à l'international. Ainsi, « *les collectivités locales et leurs regroupements peuvent, dans le respect des engagements internationaux de la France, conclure des conventions avec des autorités locales étrangères pour mener des actions de coopération ou d'aide au développement. Ces conventions précisent l'objet des actions envisagées et le montant prévisionnel des engagements financiers [...]*[4]. »

Ce déploiement à l'international des collectivités locales françaises (régions, départements, communes) et leurs regroupements (syndicats intercommunaux et communautés des communes) à travers des actions d'aide au développement et d'assistance technique en relation des collectivités locales du Sud et/ou à l'Est sont appelés « coopération décentralisée ». Cette forme de coopération « *prend son essor avec le mouvement des jumelages après la Seconde Guerre mondiale, cette action crée des liens humains, culturels et économiques de proximité entre la France, ses territoires et le monde, entre les Français et le monde* »[5]. Il s'agit avant tout d'une forme de relation partenariale où les principaux acteurs demeurent les

[3] La maîtrise locale d'ouvrage est la prise en charge de la conduite d'un projet. Elle engage la responsabilité de celui qui l'assume. Elle comprend à la fois l'initiative et la garantie de bonne fin.

[4]Article *L. 1115-1 de la loi* du 25 janvier 2007, *relative à l'*action extérieure *des* collectivités territoriales *et de leurs* groupements.

[5] Ministère des Affaires étrangères et du Développement international (2016), « Diplomatie et territoires : pour une action extérieure démultipliée, 21 propositions pour un nouveau partenariat MAEDI/Collectivités territoriales », Ministère des Affaires étrangères et du Développement international, p. 6.

collectivités locales du Nord et du Sud qui manifestent une volonté commune d'agir ensemble par la définition d'un programme d'actions à mener sur leurs territoires respectifs avec une mobilisation d'acteurs notamment de la société civile[6].

L'objectif de ces programmes de coopération est de renforcer les capacités d'action des collectivités locales en relation et de venir en appui aux processus de décentralisation en cours dans différents pays (essentiellement au Sud et à l'Est). Pour les départements en France, s'inscrire dans une politique de coopération décentralisée reste un choix avant tout politique, car la coopération décentralisée est une compétence facultative[7]. Le département de l'Isère[8] s'est engagé dans cette voie depuis 1999 avec la région de Tambacounda au Sénégal ainsi qu'avec les régions de Tadla Azilal et de Souss Massa Draa au Maroc, la préfecture de Guégharkunik en Arménie, le gouvernorat de Bethléem en Palestine. Pour le département de l'Isère, ces six partenariats s'inscrivent dans une logique de solidarité à l'échelle internationale et reposent sur un ensemble de valeurs (dont le respect du partenaire, la réciprocité) et un principe d'action (le partage des savoirs et savoir-faire). Ces partenariats de coopération portent sur des projets économiques, sociaux, culturels, touristiques… et mettent un accent particulier sur le volet institutionnel. S'investir sur ce volet institutionnel en accompagnant les collectivités locales partenaires, devrait permettre à ces dernières de s'affirmer et exercer au mieux leurs responsabilités dans la promotion du développement à l'échelle des territoires.

---

[6]Selon la Banque Mondiale, le terme « société civile » désigne le large éventail d'organisations non gouvernementales et à but non lucratif qui animent la vie publique, et défendent les intérêts et les valeurs de leurs membres, basés sur des considérations d'ordre éthique, culturel, politique, scientifique, religieux ou philanthropique. Elle regroupe : groupements communautaires, ONG, syndicats, organisations de populations autochtones, organisations caritatives, organismes confessionnels, associations professionnelles et fondations privées.

[7]Les compétences obligatoires sont : l'action sanitaire et sociale, la construction et la gestion des collèges, la culture, les déplacements, la gestion durable des territoires, la gestion des routes, la sécurité incendie.

[8]Situé au sud-est de la France métropolitaine, l'Isère est un département de la région Auvergne Rhône Alpes avec pour capitale Grenoble. L'Isère est un département montagneux, rural, touristique avec une forte activité industrielle (notamment de pointe) et une présence sur le territoire d'importantes structures d'enseignement, de formation et de recherche (universités, écoles, centres spécialisés…). Ces éléments en font un département ouvert et cosmopolite.

C'est dans deux des coopérations décentralisées du département de l'Isère (Isère-Tambacounda, Isère-Kédougou) que j'ai travaillé de 2009 à 2014 en tant que chargé d'appui avec un statut de volontaire de solidarité internationale (VSI). J'ai vécu au Sénégal pendant toutes ces années, collaboré avec de multiples acteurs du développement (collectivités locales, services techniques, associations, ONG, projets/programmes publics, administration territoriale...) de l'Isère, du Sénégal et d'ailleurs. Avec ce poste, je me suis ainsi retrouvé au cœur du dispositif du développement local au Sénégal et j'ai été confronté donc aux réalités politiques, sociales, techniques et institutionnelles de la décentralisation au Sénégal et en France. Ce fut là une expérience personnelle et professionnelle assez exceptionnelle en matière de coopération décentralisée. À cette position, on observe les acteurs et les partenaires ; on essaie de comprendre leurs démarches et stratégies, les dynamiques mises en œuvre, les échecs et les réussites des projets, les complexités et les subtilités de la coopération internationale et singulièrement celle décentralisée.

Voilà pourquoi, j'ai souhaité partager cette expérience d'un jeune professionnel engagé dans le champ du développement pour mieux faire comprendre des réalités du développement local et d'en tirer surtout des enseignements pour permettre aux différents acteurs de cette forme de coopération intercollectivités très actuelle de nos jours, de qualifier leurs interventions. Il s'agit aussi de rendre compte à un large public s'intéressant à ces questions de développement des pays (notamment d'Afrique) d'un ensemble de réflexions autour de la conduite des politiques publiques, de l'importance de la dimension partenariale dans les projets et programmes de développement et de l'intérêt à promouvoir les processus de décentralisation en cours sur le continent africain.

Pour ce faire, je présenterai :

- Dans une première partie, le contexte politico-institutionnel et technique de l'action du département de l'Isère au Sénégal post-évaluation 2008 ;
- Dans une deuxième partie, les facteurs qui contribuent à la structuration d'une action publique à l'échelle locale dégagés de cette expérience professionnelle de cinq ans sur le terrain, au Sénégal ;

- Puis, dans une troisième partie, je rendrai compte des réalités vécues dans la gestion de plusieurs projets de développement en relation avec de multiples acteurs locaux, nationaux et internationaux ;
- Ensuite, dans une quatrième partie, je ferai part des réflexions autour de cette forme de déploiement de l'action publique pour son efficacité sur le terrain au bénéfice des territoires et des populations en coopération ;
- et je terminerai, dans une cinquième et dernière partie, par une analyse du processus de décentralisation en Guinée en mettant en exergue des éléments de recommandations pour l'approfondir au service du développement national de ce pays.

PARTIE I : LE CONTEXTE INSTITUTIONNEL ET POLITIQUE DE LA MISSION AU SÉNÉGAL

L'action du département de l'Isère après 8 ans de déploiement au Sénégal a fait l'objet d'une évaluation externe dans une logique d'amélioration des processus de conduite des actions. Cet exercice important dans la coopération entre le département de l'Isère et la région de Tambacounda a jeté les bases d'un nouveau cadre de travail entre ces deux collectivités locales. Cette première partie présente le contexte de cette mission de volontariat de solidarité internationale en Isère et à Tambacounda. Le premier chapitre est consacré à cette étape de l'évaluation de la coopération décentralisée qui a conduit à une réorientation profonde du dispositif d'animation et de suivi des actions de la coopération décentralisée tant en Isère qu'à Tambacounda. Le chapitre 2 rend compte du stage effectué au service Coopération décentralisée » du département de l'Isère qui a abouti à une cette mission qui aura duré finalement cinq (5) ans au Sénégal. Et le troisième et dernier chapitre traite des préparatifs et du démarrage de cette mission sur le terrain au Sénégal dans un contexte politique de partition de la région de Tambacounda et de la création de la nouvelle région de Kédougou.

CHAPITRE 1 : L'ÉVALUATION DE LA COOPÉRATION ISÈRE-TAMBACOUNDA, UNE ÉTAPE CLÉ

En 2007, le département de l'Isère a fait le choix d'évaluer son action au Sénégal avec l'appui technique et financier du Fonds pour la Promotion des Études préalables, des Études transversales et Évaluations (F3E)[9]. L'objectif était clair, après huit (8) ans d'engagement de la collectivité locale, les élus ont estimé qu'il était opportun de s'interroger sur l'action, les processus institutionnels mis en place, le rôle et la place des acteurs, des résultats atteints sur le terrain à Tambacounda... bref, de réinterroger les ambitions et les moyens mobilisés pour l'action du département dans sa coopération avec la région de Tambacounda, située à l'est du Sénégal.

A. UNE AMBITION : AMÉLIORER LA MISE EN ŒUVRE DES ACTIONS DE LA COOPÉRATION DÉCENTRALISÉE

À cette époque, se lancer dans un processus d'évaluation de l'action internationale d'une collectivité locale n'était pas chose courante en France. S'y engager relevait avant tout d'une volonté politique de l'institution et de son désir de repenser la conduite de cette action publique dans une logique de qualification des processus mis en œuvre. L'évaluation dans le domaine public reste avant tout un outil au service de la qualité de l'action et de l'amélioration des pratiques des acteurs concernés. L'action publique a tout temps été contrainte de par l'évolution des contextes, du changement des acteurs et de leurs logiques, des objectifs qui lui sont assignés, mais aussi de l'évolution des ressources financières disponibles. Donc procéder à une évaluation permet de tenir compte de ces paramètres mouvants pour interroger à chaque fois que nécessaire, la trajectoire suivie. Ainsi, l'évaluation en tant qu'exercice vise avant tout à :

- Vérifier la pertinence et la cohérence des objectifs de départ ;

9 Créé en 1994, le F3E rassemble près de 90 ONG et collectivités locales françaises engagées en coopération pour le développement. Ensemble, ils contribuent à améliorer la qualité et la portée des actions de solidarité internationale et de coopération décentralisée.

- Apprécier la mise en œuvre des moyens et leur adéquation aux objectifs ;
- Mesurer l'efficacité de l'action, c'est-à-dire le degré d'atteinte des objectifs ;
- Mesurer l'efficience de l'action, c'est-à-dire si les objectifs sont atteints au moindre coût ;
- Examiner la durabilité des effets observés.

Ce processus a été mené en Isère et à Tambacounda par l'Association de Coopération et de Développement des Initiatives Locales (ACDIL) [10]entre octobre 2007 et janvier 2008 avec des phases de terrain en Isère et à Tambacounda et l'organisation de différentes réunions de travail (échanges avec différents services, opérateurs et avec des partenaires techniques et financiers).

Tableau 1 : Synthèse de la mission d'évaluation de la coopération décentralisée[11]

Rubriques	Contenu
Objectifs	Améliorer la stabilité des relations institutionnelles entre partenaires, Renforcer l'efficacité des actions sur le terrain, Renforcer la concertation entre partenaires en Isère, à Tambacounda et entre l'Isère et Tambacounda, Assurer la lisibilité en Isère des actions conduites.
Axes de travail	Analyse du bilan des actions, Analyse des modes et stratégies d'intervention des opérateurs,

[10] Structure basée à Bobo Dioulasso (Burkina Faso) travaillant sur les processus d'évaluation de l'action publique notamment des coopérations décentralisées.

[11]Synthèse effectuée à partir du rapport d'évaluation de la coopération de 2008.

	Analyse du dispositif institutionnel et opérationnel.
Méthodologie	Analyse bibliographique, Visites de terrain et réalisation d'entretiens avec les acteurs (opérateurs, partenaires techniques), Rédaction de notes d'étapes pour le département de l'Isère, Organisation de séances de restitution en Isère et à Tambacounda.
Résultats attendus	Les actions des opérateurs Isérois sont plus concertées et cohérentes, L'efficacité et l'efficience des actions sont renforcées, Les actions de la coopération sont connues et partagées en Isère ; La cohérence entre les actions et les politiques locales est mieux renforcée sur les territoires en coopération.

Ce processus a abouti à un rapport présenté à Tambacounda et en Isère à l'ensemble des acteurs impliqués dans la coopération puis validé par les collectivités locales partenaires. En termes de bilan, « *L'analyse des actions montre que le programme de la coopération est de façon globale en cohérence avec les orientations de développement au plan régional et national au Sénégal. En effet, le programme triennal (2005-2007) est en cohérence avec les orientations majeures du Plan de Développement régional Intégré (PDRI) de Tambacounda, notamment les problématiques liées à la consolidation de la décentralisation, au développement humain, au désenclavement, à la gestion des ressources naturelles et de l'environnement et à la valorisation des ressources et potentialités économiques. Sa définition a été faite sur la base de ce PDRI. Il se pose toutefois, le problème de son articulation/ancrage de façon concrète aux différentes échelles locales d'intervention avec les programmes de développement des collectivités locales et les dispositifs institutionnels existants (Agence régionale de Développement, programme de l'État). Quant à la démarche de coopération, elle est jugée positive dans son ensemble par les actions engagées, les dynamiques engendrées et les liens établis entre les acteurs et populations des deux territoires. Toutefois, elle n'est pas forcément partagée et perçue par tous de la même façon et donne parfois l'impression que les partenaires institutionnels (département de l'Isère, région de Tambacounda) et les opérateurs (isérois et tambacoundois) ne sont pas impliqués dans le même programme.* »[12]

Pour répondre aux insuffisances/difficultés notées, il y avait besoin de qualifier les dispositifs institutionnels, de faire en sorte que chaque acteur (collectivité locale, opérateurs, partenaires techniques) joue pleinement son rôle pour aller vers plus d'efficacité avec un respect des principes définis dans la Charte de la Coopération Décentralisée pour le Développement Durable[13]. Adoptée en 2008 par le département de l'Isère, cette charte réaffirme des principes d'action tels que l'égalité, la solidarité, la réciprocité et la subsidiarité dans la conduite des actions de coopération décentralisée. Elle demeure ainsi un des instruments qui confirment l'engagement de l'Institution départementale à mieux prendre en compte les enjeux du développement durable dans ses collectivités locales partenaires, dans le cadre de ces partenariats de coopération décentralisée. Toutes ces raisons font que cette étape de l'évaluation de la coopération Isère-Tambacounda devrait constituer un nouveau départ à la fois pour le département de l'Isère ainsi que pour l'ensemble de ses partenaires (collectivités locales, opérateurs, partenaires techniques…) mobilisés dans son action à l'international. Et dans cette nouvelle dynamique, d'importants changements devraient être opérés avec notamment une évolution dans le dispositif d'animation et de suivi des actions avec la

[12]Rapport général de l'évaluation, p.17.

[13]Cette charte est consultable sur : http://www.adequations.org/IMG/pdf/CharteCoopDecDepIsere.pdf, site consulté le 25 septembre 2017.

région de Tambacounda, une des recommandations du rapport d'évaluation.

<u>Encadré 2 : Évolution de l'engagement de l'Isère à Tambacounda</u>

La coopération concrète entre le département de l'Isère et la région de Tambacounda a démarré en 1999, à l'initiative de Mamadou SAMOURA, (1er Président du conseil régional de Tambacounda, ancien élève du Lycée Champollion de Grenoble), qui a œuvré pour le développement de ces relations de partenariat. Il avait pour ambition de faire en sorte que les deux collectivités locales s'allient et agissent ensemble pour le développement de Tambacounda. Dès 1999, après l'identification des domaines du tourisme et de l'environnement comme potentialités majeures de développement de Tambacounda, une première phase de partenariat informel s'est mise en place entre les deux collectivités. Il a été concrétisé sur le terrain par la mise en œuvre d'un programme d'actions triennal (1999-2001) d'accompagnement pour le développement d'une offre touristique intégrée autour du village de Dindéfélo, au sud de la région. Tétraktys a été mandatée par le département de l'Isère via une convention comme opérateur[14] technique chargé de l'exécution des actions dans la région de Tambacounda. Ce partenariat entre le département de l'Isère et la région de Tambacounda a connu une évolution importante à partir de 2002, avec la signature d'une 1ère convention-cadre de 3 ans (2002-2004) qui sera renouvelée en 2005, pour la période 2005-2007. À partir de 2008, avec la partition de la région de Tambacounda et la création de la région de Kédougou, le déploiement du département de l'Isère a connu d'importants changements institutionnels et techniques.

[14] Terme désignant les acteurs mobilisés par les collectivités locales en France dans la mise en œuvre de leurs partenariats de coopération décentralisée. Ces acteurs sont généralement issus de la société civile (associations, ONG, groupement professionnel, établissement d'enseignement et de formation…).

B. Une nécessité : Renforcer le suivi des actions sur le terrain, au Sénégal

Au cours du processus d'évaluation, les acteurs de Tambacounda (notamment les opérateurs) ont émis le souhait d'avoir une plus grande présence du département de l'Isère sur place pour les accompagner au quotidien dans la conduite de leurs actions. Pour rappel, cette mission de suivi était assurée par un des opérateurs de la coopération, Tétraktys, qui agissait à cet effet via une convention avec l'institution départementale. Par différentes missions au Sénégal, Tétraktys jouait ce rôle avec un handicap important révélé par le rapport d'évaluation, à savoir le caractère intermittent de cette présence, car, entre deux missions au Sénégal, plus personne n'assurait véritablement ce travail de proximité pour le département de l'Isère dans la collectivité partenaire. Dans l'évolution de la coopération décentralisée en France, les dispositifs de mise en œuvre ont toujours essayé de s'adapter aux réalités que vivent les collectivités locales partenaires. Le fait qu'une collectivité locale française confie le suivi de son partenariat avec une autre collectivité à une tierce structure n'est pas un cas isolé, Isérois[15] au Sénégal et ailleurs. Cette présence continue dans les collectivités partenaires au Sud répond à un besoin simple, mais d'une importance capitale : avoir dans les collectivités locales partenaires un ou plusieurs relais permanent(s) qu'on peut joindre à tout moment, capable(s) d'accompagner les acteurs locaux dans la conduite des actions, et de suivre toutes les interventions liées à la plateforme de coopération.

Après l'évaluation de 2008, au regard des insuffisances notées dans le suivi des actions de la coopération à Tambacounda (caractère intermittent, confusion des rôles…) avec le recours à un opérateur, des ambitions pour la coopération avec Tambacounda sans oublier le contexte politique et institutionnel au Sénégal (partition de la région de Tambacounda, création de la nouvelle région à Kédougou), le département de l'Isère a fait le choix de faire évoluer le dispositif de suivi et d'animation de sa coopération avec la région de Tambacounda

[15]Le Cabinet-Conseil en Coopération Internationale Décentralisée et Développement Local (Sénégal) coordonne le partenariat entre la région Auvergne-Rhône-Alpes et les régions de Saint-Louis et Matam au Sénégal. L'association Pays de Savoie solidaire anime les partenariats du département de la Savoie en France avec la commune de Bignona(Sénégal) ; la commune de Dessalines (Haïti) ; le département d'Argès (Roumanie).

en créant un poste permanent sur place. Ceci était considéré comme une évolution nécessaire, car, le suivi d'un projet de développement (et à plus forte raison d'un programme où interviennent de multiples acteurs) est une activité quotidienne. De la qualité de ce suivi et d'animation à l'échelle des territoires partenaires dépend aussi l'atteinte des objectifs fixés. Cette présence continue sur le terrain à Tambacounda est fondamentale. Elle devrait faciliter les contacts, mieux renseigner sur l'évolution des activités et donner l'assurance aux acteurs (collectivité locale, opérateurs, partenaires techniques) de ce côté-là que le partenaire isérois n'est jamais loin. Et aux opérateurs isérois, elle donne aussi cette assurance que le département de l'Isère les accompagne non seulement en Isère, mais aussi sur le « théâtre des opérations » à Tambacounda. Accompagner les opérateurs dans la mise en œuvre de leurs projets est extrêmement important dans l'exercice de cette fonction de maître d'ouvrage assurée par les collectivités locales partenaires dans la coopération décentralisée.

C. Un objectif : Remettre les collectivités locales partenaires au cœur du jeu

Lors de l'évaluation, constat a été fait de la faible implication de la région de Tambacounda dans la conduite des actions et de la confusion parfois des rôles entre le département de l'Isère et Tétraktys sur le terrain au Sénégal. Et pourtant, les collectivités demeurent les acteurs légitimes pour assurer un portage institutionnel de l'action publique à l'échelle locale. Dans les deux cas, en Isère ou à Tambacounda, l'objectif affiché est de faire en sorte que les collectivités locales se réapproprient la conduite de l'action publique. Elles devront être maîtresses du jeu dans la conduite des actions de la coopération décentralisée en jouant effectivement leur rôle de maître d'ouvrage. Pour aller dans ce sens, Le département de l'Isère avait plusieurs options, mais a finalement choisi en 2008, la création d'un poste de chargé d'appui à la coopération dont le titulaire serait positionné à Tambacounda pour être au plus près de la région de Tambacounda, des opérateurs et partenaires locaux. Désormais, les partenaires institutionnels que sont les collectivités locales devront se parler sans intermédiaire réaffirmant ainsi leur légitimité vis-à-vis des opérateurs mobilisés par elles tant en Isère qu'à Tambacounda. Un tel dispositif permettrait sur le plan opérationnel de distinguer les niveaux de décisions politique et technique. L'implication effective du département de l'Isère et de la région de Tambacounda est fondamentale pour porter la plateforme de coopération, accompagner au mieux les initiatives des opérateurs et répondre aux besoins des partenaires techniques et financiers. L'on ne pouvait véritablement pas rester au constat fait par le rapport d'évaluation de la quasi-absence de la région de Tambacounda dans le suivi et l'animation du partenariat au Sénégal. Avant tout, la coopération décentralisée est du fait des collectivités locales et une fois de plus, en tant qu'institution locale, elle a toute sa place dans la conduite des actions de développement sur son territoire. Ce n'est certes pas toujours évident au regard de leurs capacités à agir, mais, les instituions quelle que soit l'échelle territoriale d'action sont essentielles au processus de développement. Elles garantissent la continuité de l'État, de son action et de son contrôle démocratique. Elles demeurent de ce fait le maillon essentiel pour tout projet de développement.

Tableau 2 : Principales orientations et perspectives de la coopération décentralisée

Plan	Recommandations
Institutionnel	Renforcer le comité de pilotage et son fonctionnement, Opérationnaliser les cadres de concertation et de coordination, Renforcer les capacités d'action de la région de Tambacounda
Opérationnel	Conforter les collectivités dans leur fonction de maître d'ouvrage Redéfinir les rôles et responsabilités de Tétraktys et de l'ARD de Tambacounda dans la conduite des actions, Renforcer le dispositif technique de suivi de la conduite des actions

Axes d'intervention	Travailler à promouvoir la dimension économique des projets, Mobiliser et accompagner les Organisations de la société civile, Mettre en place une démarche concrète et des actions d'appui institutionnel à la région de Tambacounda, Accompagner les actions de soutien aux femmes et aux filles (lutte contre les violences, activités génératrices de revenus…).

L'évaluation comme rappelée est un exercice « normal » dans la conduite des politiques publiques et l'ensemble des acteurs impliqués dans la coopération décentralisée espérait que la mise en œuvre de ces recommandations pourrait conduire à une réorientation profonde de la politique publique (objectifs, logiques de mise en œuvre…). C'est dans ce contexte de changement profond annoncé dans l'engagement du département de l'Isère à Tambacounda que je suis arrivé en tant que stagiaire, au service coopération décentralisée, déjà à pied d'œuvre dans la mise en œuvre d'une démarche qualité dans la gestion des relations internationales du département (coopération décentralisée et soutien à d'autres associations iséroises engagées à l'international).

CHAPITRE 2 : UN STAGE DE QUALITÉ AU DÉPARTEMENT DE L'ISÈRE

Passage obligé pour valider un master professionnel, la réussite d'un stage tient parfois à peu. Celui obtenu au service coopération décentralisée du département de l'Isère (d'avril à septembre 2008) a été de qualité et facilité par la disponibilité des agents en termes d'encadrement. Ce stage n'a pas été facile à trouver, mais il fut un vrai moment de formation et d'apprentissage professionnels. Après avoir obtenu une telle opportunité avec cette possibilité de travailler sur la conduite d'une politique publique d'un département en France très engagé à l'international, il me revenait de faire preuve d'assiduité, de rigueur, de professionnalisme, pour en tirer le maximum de bénéfices.

A. UN PARCOURS DE COMBATTANT POUR TROUVER UN STAGE DE FIN D'ÉTUDES

Comme la plupart des étudiants, j'ai envoyé un grand nombre de CV et de lettres de motivation, mais je n'ai obtenu que peu d'entretiens au final. Pour beaucoup d'étudiants, chercher un stage en France reste toujours un moment compliqué, voire difficile, avec cette peur de ne pas trouver ce qui est recherché ou de ne pas en trouver du tout. J'y ai été aussi confronté. De cette expérience, il est important de souligner que chercher un stage nécessite un travail régulier et fastidieux pour identifier des organismes susceptibles de vous accueillir, pour rédiger des CV, des lettres de motivation, préparer des entretiens... Pour ce stage au département de l'Isère, au-delà des acquis théoriques qui ont certainement pesé, la connaissance des institutions françaises (nationales, locales), de leur fonctionnement a été un atout. C'est dire que tout étudiant, au moins dans son potentiel champ d'action, devrait être au fait des acteurs et institutions qui y interviennent, de leurs rôles et responsabilités… car un stage se déroule toujours dans un contexte institutionnel donné. Travailler sur ces questions en y prenant vraiment son temps peut être utile tant l'information peut jouer un rôle capital dans cette recherche. Il m'a été rapporté aussi que le voyage d'études organisé par la promotion du master dans les Hautes Alpes [16] a été déterminant dans ce processus de sélection d'où l'importance de la mise en situation professionnelle.

B. UN TEMPS D'APPRENTISSAGE INTENSE ET FORT UTILE

L'un des avantages aussi de ce stage est qu'il se déroulait au cœur de la ville de Grenoble, au siège du département de l'Isère et conclu pour cinq mois. Du temps donc pour apprendre avec au départ peu de connaissances sur l'action à l'international des collectivités locales françaises, et notamment du département de l'Isère. Le stage s'inscrivait dans un objectif d'amélioration des pratiques de la coopération internationale du département conformément aux recommandations du rapport d'évaluation. Il a porté essentiellement sur l'approfondissement de la réflexion sur l'ensemble des dispositifs techniques d'accompagnement et de suivi des opérateurs isérois (Aide Médicale et Développement, Tétraktys, Afro-culture, Ligue de l'enseignement, Planning Familial, Fédération des Alpages, Fédération départementale de l'Enseignement Agricole Privé, Institut Universitaire de Formation des Maîtres, SOS Racisme…) dans la conduite de leurs projets pour les conformer aux exigences d'un développement qui se veut durable. Concrètement, il s'agissait d'améliorer le contenu des documents techniques (dossiers de financement, fiches de suivi et d'évaluation…) afin de mieux mesurer l'impact des actions engagées sur le terrain en Isère et dans ses territoires partenaires, et d'approfondir la réflexion sur les liens entre coopération décentralisée et développement durable. Le stage a commencé par une recherche documentaire approfondie pour mieux comprendre cette politique publique dans ses fondements, ses logiques et les projets menés dans la région de Tambacounda.

Ce stage a pu avancer grâce à toutes ces rencontres en interne au département avec différents services (environnement, enfance, santé, qualité…) et les échanges avec les opérateurs. Ces rencontres m'ont permis d'être confronté au fonctionnement des services, à la prise de décisions, aux interactions entre le département et les opérateurs...

---

[16] Du 18 au 21 mars 2008, ce voyage a conduit dans plusieurs localités (Veynes, Gap, Briançon, Montgenèvre, Argentière) à la rencontre d'élus et agents de collectivités locales, d'entreprises, d'acteurs associatifs pour échanger sur les problématiques de développement des territoires (cadres juridiques, ressources, acteurs, rôles et responsabilités, projets…).

J'essayais de comprendre plus particulièrement les cadres et les relations institutionnelles (cadre juridique, acteurs, rôles et responsabilités, financements des opérations...) de cette forme de coopération infranationale. Au quotidien, j'étais convié à différentes réunions de services et interservices, associées aux déplacements extérieurs avec souvent une mise à l'épreuve en termes de prise de parole, de travail administratif et technique. Rien de plus formateur pour un stagiaire que d'être mis dans de véritables situations professionnelles avec cette possibilité de côtoyer et d'échanger avec les acteurs de terrain. Il est vrai que nombre de stages ne se passent pas toujours ainsi, et que pour qu'ils réussissent, il faut nécessairement une très grande implication de la personne concernée. Un stagiaire se doit d'être présent, faire preuve de professionnalisme dans les échanges et être force de propositions. Pour réussir un stage, au-delà des capacités techniques, le comportement, l'exemplarité, l'ouverture d'esprit sont des éléments essentiels. Au mois de septembre 2008, le mémoire était déjà bien en route et il a été soutenu le 1eroctobre, dès le lendemain de la fin du stage, le 30 septembre. Finalement, ce stage fut un vrai moment d'apprentissage et de formation avec toutes ces réunions et rencontres avec les services, les opérateurs et partenaires de l'action à l'international du département de l'Isère. Durant ces mois d'apprentissage, au quotidien et en relation avec les agents du service coopération décentralisée, je m'investissais dans le fonctionnement courant et dans les échanges autour des projets avec la région de Tambacounda. Et pour cela, plusieurs activités ont été réalisées dont voici les principales :

- Accueil téléphonique et physique des acteurs/partenaires,
- Participation à des réunions de service, d'interservices,
- Échanges avec les opérateurs et autres partenaires,
- Implication dans la réflexion globale sur les liens entre la coopération décentralisée et le développement durable,
- Rédaction de notes techniques et administratives,
- Appui à l'organisation de différents rendez-vous interne et externe (contacts, échanges, production documentaire...),
- Production d'un guide de recommandations de bonnes pratiques sur la conduite des projets de coopération décentralisée pour les opérateurs,

- Amélioration du contenu des outils techniques de la coopération (fiche de demande de subvention, fiche de suivi des actions, fiche bilan…),
- Rédaction d'un mémoire professionnel sur « le Rôle et la Place des Institutions dans la conduite des projets de coopération décentralisée ».

Disons que faire autant de choses (en si peu de temps), participer à plusieurs réunions d'acteurs, se sentir suivi et encadré ont été pour moi des éléments importants dans l'apprentissage et source de qualité pour le travail à accomplir au quotidien.

C. Des Résultats atteints lors du stage au Département de l'Isère

Le premier résultat, et le plus important reste bien évidemment la validation du diplôme. Il est toujours compliqué d'imaginer une suite à un stage surtout dans le secteur public en France. Au début, je ne pensais même pas à une mission pour une collectivité locale, j'étais plutôt dans l'idée qu'avoir déjà un stage au département de l'Isère dans un domaine qui m'intéressait était une opportunité formidable. Du travail technique effectué sur les documents de la coopération, il en est ressorti une nette amélioration permettant aux opérateurs de mieux renseigner sur les actions portées et au département de l'Isère de disposer d'indicateurs de suivi dans leur mise en œuvre. Un des résultats fut aussi l'élaboration d'un guide sur la coopération décentralisée et le développement durable qui s'est étoffé depuis, et contribue encore à opérationnaliser cette volonté du département de l'Isère d'améliorer sans cesse les pratiques de ses opérateurs à l'international. Cette amélioration des processus de conduite des politiques publiques est essentielle dans l'atteinte de ses résultats. C'est par la qualité de la démarche, la remise en cause des pratiques et la mobilisation constante des acteurs que l'action publique devient efficace et efficiente. C'est cette expérience que ce stage a donné l'occasion de vivre, intéressante du point de vue personnel et professionnel, car s'inscrivant dans une problématique globale de changement (évaluation de la coopération Isère-Tambacounda, partition de la région de Tambacounda et création de la nouvelle région de Kédougou) dans la mise en œuvre d'une politique publique.

Aujourd'hui, en regardant ce diplôme de master professionnel (accroché dans la maison familiale), en relisant le mémoire et en parcourant tous ces outils techniques, je continue de croire que les objectifs ont été atteints. À cela, il faut bien évidemment ajouter toute la technicité acquise dans le travail au quotidien et à ce contact, avec tout ce réseau professionnel où évoluent des personnes compétentes et très engagées. Ce stage dès le début a été orienté vers l'apprentissage. Des connaissances théoriques sur les questions de développement, de coopération… j'en avais acquis pour l'essentiel lors de ma maîtrise en économie et lors de mon master de recherche en économie et politique internationale. Je me suis ainsi positionné sur ce créneau « technique » pour maîtriser au mieux les outils, les méthodes, comprendre les cadres institutionnels. Je voulais vraiment voir comment par exemple, une réunion était conduite, une journée de travail déroulée ou encore une mission à l'extérieur planifiée, organisée et exécutée. J'accordais de l'importance à cette dimension pratique et organisationnelle des choses.

Riche d'une certaine expérience associative, je savais combien de fois l'organisation était importante pour atteindre un objectif donné. Loin d'être anodine, elle traduit une certaine philosophie d'action, met en exergue les relations entre différents intervenants et constitue finalement aussi un support de suivi au quotidien de l'activité de chacun. J'y ai prêté une attention particulière dans le déroulé de ce stage à la fois sur le plan personnel et professionnel. J'ai aussi eu la chance de rencontrer des personnes passionnées, imbibées de visions humanistes du monde. Il est vrai qu'au quotidien, les échanges ne manquaient pas entre agents du service coopération décentralisée, avec les acteurs et autres partenaires de l'action à l'international du département. Les sujets étaient variés, même si les questions de développement, et notamment de l'Afrique revenaient très souvent. À côté de telles personnes, on apprend à connaître le monde, à essayer de le décrypter dans ses travers, ses richesses et ses diversités. Finalement, un stage de qualité forme toujours son bénéficiaire, mais le transforme aussi, car au contact de telles personnes, on peut devenir meilleur. J'imagine encore que les résultats atteints et bien d'autres éléments sans nul doute ont milité pour qu'une mission me soit confiée avec des responsabilités claires au Sénégal, dans les régions de Tambacounda et de Kédougou au service du développement local.

Encadré 3 : Note sur « l'Amélioration des outils de la coopération décentralisée »[17]

Le service coopération décentralisée s'inscrivant dans la démarche globale entreprise par le Conseil général pour faire de la qualité un élément essentiel de ses politiques, a initié un travail de révision de ses outils techniques (dossiers de subvention, fiche bilan et d'évaluation) pour mieux les adapter aux exigences de son action. Aujourd'hui, le dossier de demande de subvention et la grille d'évaluation ne permettent pas de bien comprendre comment les projets sont montés, réalisés et évalués. En terme de démarche, d'autres services du département de l'Isère ont été sollicités pour leur exposer la démarche engagée, recueillir leurs avis pour mieux étoffer le travail. C'est dans ce sens que le service Qualité fut rencontré et une prochaine réunion est prévue avec le service Agenda 21.

Après révision, nous proposons deux dossiers de subvention. L'un consacré à la demande de subvention pour le fonctionnement et l'autre à la réalisation de projet. Ce dernier a été nettement amélioré dans son contenu avec une série de questions relatives à la conception du projet, son exécution, son évaluation... Une grille d'évaluation a été élaborée permettant de faire le bilan des actions conduites et de les apprécier au regard des critères du développement durable. L'auto-évaluation a été retenue après discussions pour davantage responsabiliser les porteurs de projets et améliorer leurs compétences en conduite de projets.

Enfin, un guide de recommandations a été conçu, comprenant des principes d'action et des outils techniques issus d'une profonde réflexion théorique sur la démarche même de la coopération décentralisée, la conduite de projets et d'expériences de terrain. Ce guide reste un outil au service des porteurs de projets dans un objectif d'amélioration de leurs pratiques. L'ensemble de ces documents techniques a en commun, le souci de rehausser les savoirs et savoir-faire des acteurs de la coopération décentralisée pour de meilleures interventions sur le terrain.

[17]Note envoyée le 1er juillet 2008 à Monsieur Edi Tissino, Directeur général adjoint à la Coordination au département de l'Isère.

CHAPITRE 3 :
UNE MISSION DE VOLONTARIAT DE SOLIDARITÉ INTERNATIONALE À TAMBACOUNDA

Après ce stage, la bonne nouvelle fut cette mission au compte du département de l'Isère dans sa coopération avec la région de Tambacounda. Chargé d'appui à la coopération, tel était l'intitulé du poste avec pour missions essentielles : représenter le département de l'Isère dans ses relations au Sénégal, suivre les actions de la plateforme de coopération avec la région de Tambacounda et accompagner les opérateurs (isérois et tambacoundois) dans leurs activités au quotidien.

A. DES OBJECTIFS ET UN CADRE DE TRAVAIL PARTAGÉS AVEC LE SERVICE COOPÉRATION DÉCENTRALISÉE

Cette mission au Sénégal a fait objet de discussions approfondies au département de l'Isère. De la fin du stage au départ pour Tambacounda, il s'est écoulé six (6) mois qui ont été largement mis à profit pour parler des objectifs, du cadre de travail avec notamment l'implication du Service de Coopération au Développement (SCD)[18]. Dans ces préparatifs, le travail avec les opérateurs isérois sur leurs attentes vis-à-vis du changement du dispositif institutionnel de suivi des actions a occupé une bonne partie. Chacun a finalement, en ce qui le concerne, fait part de ce qu'il attendait de cette présence sur le terrain en termes de relation de travail, d'urgences à traiter, de personnes ressources à contacter… Pour une nouvelle aventure professionnelle, une telle préparation ne peut être que bénéfique, car mieux une mission est préparée, plus sa chance de réussir est grande. Sur le plan personnel, j'ai senti la confiance et l'intérêt pour ma personne et pour la mission de la part du département de l'Isère et des opérateurs de la coopération décentralisée. Tous ces contacts et échanges m'ont aidé à mieux saisir les contours de la mission, à identifier les besoins spécifiques des opérateurs, à commencer à rentrer en contact et à échanger avec les acteurs locaux à Tambacounda. Il est évident que de telles conditions ne peuvent que

[18]Organisme d'envoi de volontaires pour des missions sur des projets de développement, de coopération et de solidarité internationale. Les volontaires apportent leur soutien à des structures partenaires en Asie, Afrique ou Amérique du Sud.

créer une certaine sérénité pour un départ vers une mission de ce type qui avait par ailleurs des objectifs clairs et précis :

- Constituer une base de données des acteurs locaux,
- Servir de relais entre acteurs isérois et sénégalais dans la conduite des actions,
- Appuyer le montage d'un programme global de coopération 2010-2012,
- Élaborer les conventions de coopération décentralisée entre le département de l'Isère, les collectivités ou acteurs locaux partenaires,
- Accompagner les missions de terrain des acteurs (opérateurs et département) isérois au Sénégal,
- Animer la plateforme de coopération en partenariat avec les acteurs,
- Suivre la conduite des actions sur le terrain.

J'avoue qu'en ce moment, j'avais plutôt une vision transversale de ce qu'il fallait faire avec tout de même la certitude que repos, il ne pouvait véritablement y en avoir, tant les enjeux étaient importants pour l'Isère et de sa coopération avec Tambacounda. Cet état presque de « gravité », j'avais pu le mesurer dans les échanges avec le service coopération décentralisée du département, mais aussi avec les opérateurs. On sentait vraiment cette volonté voire ce besoin de continuer dans cette action de solidarité internationale, mais autrement.

B. (Re) partir de la France : ce n'est jamais simple pour beaucoup d'étudiants

Cette décision de revenir après les études en France a fait l'objet de beaucoup de réflexions, d'échanges avec les amis et des personnes qui m'ont accueilli et accompagné. Dans ce type de débat, chacun y va de son analyse, de son expérience personnelle et de ses perspectives. Il ne saurait y avoir de vérité, mais que des leçons de l'expérience. Je me suis forgé une conviction. La question n'était point « retour ou non » : J'étais au fond de moi convaincu que je devais revenir. Mais comment ? À quel moment ? Avec quel projet ? Je voulais surtout après tant d'efforts, commencer à travailler, être confronté aux réalités du terrain, mesurer mes capacités à contribuer à changer des situations dans le monde du développement. J'avais pris beaucoup de temps pour les études, 22 ans au total ! Je n'avais envie que d'une chose : aller travailler. La problématique du retour des étudiants guinéens de

France reste délicate. Aujourd'hui, beaucoup d'étudiants y restent encore, ou vont vers le Royaume-Uni, le Canada ou encore les États-Unis. Cette réalité pose des questions tant pour la Guinée que la France sur la capacité de ces deux pays à offrir des opportunités à ces compétences dans un monde où les pays se les disputent.

Personnellement, je n'ai pas hésité une seconde face à l'opportunité offerte par le département de l'Isère à Tambacounda. J'ai finalement décidé de revenir en Afrique. Au quotidien, chaque jour me rapprochait du départ, je me disais simplement, maintenant, « Il faut que tu assumes ». L'un des moments inoubliables fut sans nul doute la petite fête d'au revoir du 11 avril 2009, magistralement orchestrée par le trio LFK. Ce fut simplement magique d'autant plus que je n'avais jamais assisté à rien de tel dans la communauté guinéenne à Grenoble en cinq ans.

Je suis parti de cette ville et de ce département de l'Isère avec le sentiment d'avoir accompli quelque chose, d'avoir réalisé un rêve, être diplômé de la France. J'ai travaillé dur pour ce résultat. J'ai cru à mon projet et des personnes m'ont fait confiance et accompagné. J'ai été parfois à deux doigts de lâcher, mais, par bonheur, l'entourage était là et a servi de bouclier. À ces moments précis, où le doute commence à s'installer, on a encore plus besoin des autres, d'être écouté et compris dans sa démarche. Ces personnes sont parfois rares à trouver, j'ai eu la chance d'en avoir. Elles m'ont permis de croire, d'avancer et de continuer à espérer. Pour toutes ces raisons, je voulais réussir mes études pour moi, mes amis, ma famille et au-delà pour la Guinée. Ah la Guinée ! Elle a toujours été présente à l'esprit.

À l'université à Conakry, je me suis engagé dans le mouvement associatif avec Les Amis du Futur[19]. Dans cette structure, des jeunes venus de toute la Guinée et d'ailleurs ont appris à se connaître, à vivre ensemble, à discuter de projets, à partager des rêves, à forger une conscience pour agir ensemble et relever des défis. Cette expérience a été d'une grande utilité pour mes études, mon insertion en France et dans ma vie de tous les jours.

---

[19]ONG créée en 1998 par des étudiants guinéens à l'université Gamal Abdel Nasser de Conakry avec pour objectif de développer les qualités citoyennes et les valeurs morales dans la jeunesse guinéenne. Son slogan : « Soyons ensemble pour construire l'avenir » et sa devise : compétence, honnêteté et solidarité.

C. Arrivée au Sénégal, aussitôt sur le terrain avec les acteurs locaux

Le 14 avril 2008, j'entrais en stage au service coopération du département de l'Isère. Le 14 avril 2009, j'étais dans l'avion pour le Sénégal en mission pour le département de l'Isère. Un an, jour pour jour, peut-être y a-t-il là un signe du destin ? Le Sénégal, appelé encore pays de la Téranga[20], j'en avais entendu maintes fois parler pour des raisons notamment familiales. Je suis Guinéen, certes, mais j'ai de la famille qui y vit depuis des générations. Cette réalité, je la connaissais fort bien. Sans doute est-ce pour cela aussi que je ne me posais pas beaucoup de questions sur ma nouvelle vie. La Guinée et le Sénégal ont beaucoup de points en commun, une frontière en partage, les mêmes peuples de part et autre, une histoire partagée… À l'arrivée, après quelques rendez-vous (ambassade de France, Direction de la coopération décentralisée au Sénégal…), destination Tambacounda à 461 km, de Dakar, la capitale, avec un accueil chaleureux au propre comme au figuré. Il fait vraiment chaud en cette période de l'année.

Les premiers jours ne furent simples, car, il a fallu tout de suite enchaîner avec le terrain du côté d'Ibel dans la région de Kédougou où se déroulait une mission de Tétraktys, puis mettre le cap à l'est de la région de Tambacounda pour assister à la restitution du diagnostic socioéconomique du Plan local de Développement (PLD) associé à la Réserve Naturelle Communautaire (RNC) du Boundou[21], un des plus importants programmes d'actions du département de l'Isère au Sénégal. Jeune professionnel du monde du développement, je garde encore en mémoire ce premier contact du terrain dans une chaleur écrasante. Et après ce long voyage et cette première mission de terrain, j'aurais dû m'octroyer un peu de repos, mais il fallait s'installer et prendre ses marques à Tambacounda. Finalement comme

---

20 Mot en wolof, principale langue du pays, qui signifie hospitalité. Une attitude qui se traduit dans la vie de tous les jours par la qualité de l'accueil de l'étranger et surtout l'attention qui lui est portée.

21 Créée en 2009, elle est issue d'une reconversion d'une zone de chasse en aire protégée communautaire. D'une superficie de 120 000 ha, elle est située à cheval entre les départements de Goudiry et Bakel (est du Sénégal) entre les communes de Koussan, Toumboura, Dougué et Sinthiou Fissa.

imaginé, repos, il ne put y avoir véritablement tant les enjeux étaient importants pour l'action de l'Isère au Sénégal et surtout dans un contexte institutionnel et politique nouveau (partition de la région de Tambacounda et création de la nouvelle région de Kédougou), de changement du dispositif de suivi et d'élaboration de la nouvelle plateforme de coopération pour les trois prochaines années. Voilà pourquoi, il a fallu tout de suite enchaîner sur les missions de terrain, avec les réunions de travail regroupant l'ensemble des acteurs et partenaires locaux pour commencer à mobiliser et travailler autour des nouvelles orientations conformément aux recommandations du Rapport d'évaluation de la coopération Isère-Tambacounda.

Carte : Situation administrative de la République du Sénégal en 2017

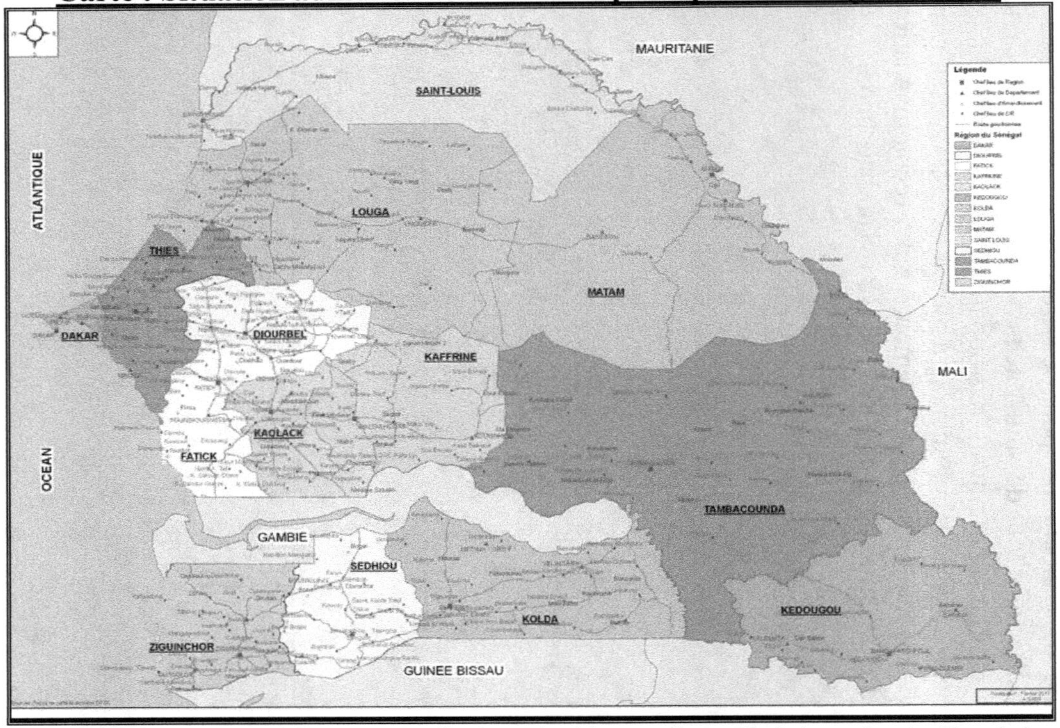

Source : http://www.servicepublic.gouv.sn/index.php/demarche_administrative/collectivite_locales/1

D. UNE INSTALLATION À TAMBACOUNDA OU L'IMPORTANCE DES RELAIS LOCAUX

Ces premiers jours, j'ai pu vraiment compter sur Claire CLÉMENT, déjà volontaire sur le terrain pour l'Isère, et sur le concours de personnes telles Boyngaye SAMB. Cet accompagnement est fondamental pour comprendre le contexte, l'histoire, la géographie, les comportements... afin de trouver des repères dans la vie de tous les jours. Ces éléments sont essentiels à un professionnel et davantage dans le monde du développement. Ce rôle-là fut aussi tenu par les partenaires techniques et institutionnels du département de l'Isère avec lesquels je suis rentré en contact sans vraiment de difficultés. Chacun en ce qui le concerne, a fait preuve de disponibilité, d'écoute et, à aucun moment en cette période de découverte et d'apprentissage, je n'ai été seul. Au contraire, j'étais entouré, et cette atmosphère m'a permis de mieux tenir, de saisir davantage le sens de la mission de travail, de commencer à construire une relation de confiance avec les acteurs locaux. Ces éléments furent déterminants pour aller vers les objectifs professionnels. Grâce à cette mobilisation locale des acteurs et partenaires de la coopération Isère-Tambacounda, le démarrage de cette mission n'a pas rencontré de difficultés particulières.

Tableau 3 : Principaux acteurs et partenaires de cette coopération au Sénégal

Catégorie	Dénomination
Collectivités locales	régions de Tambacounda et de Kédougou, communes (Bakel, Koussan, Sinthiou Fissa, Dougué, Toumboura).
Administrations Territoriales	Gouvernances (Tambacounda, Kédougou), préfectures de département (Tambacounda, Kédougou, Bakel, Goudiry, Salémata).

Services d'appui	Agences régionales de Développement de Tambacounda et de Kédougou
Services Techniques Déconcentrés	Inspection régionale du Tourisme, Services régionaux (eaux et forêts ; développement communautaire, santé, culture, éducation urbanisme, jeunesse…).
Opérateurs	Syndicat d'Initiatives et du Tourisme du Sénégal Oriental (SITSO), Comité régional de lutte contre les Violences faites aux Femmes et aux Filles (CRLVF), GIE Bané, GIE du campement de Dindéfélo, Écoles de formation professionnelle en économie sociale et familiale (Tambacounda et Kédougou), Maison des éleveurs – Directoire des femmes en élevage (MDE-Dirfel), Centre multimédia communautaire (CMC) de Kédougou, établissements scolaires (collèges et lycées), Association des Minorités Ethniques (AME), Les guides touristiques de Kédougou (TADECK), La Kora Programme Ressources Développement
Partenaires	Ambassade de France, médias, ONG (GRDR, ICD Afrique, Tostan), ART-Com, Prestataires (hôteliers, restaurateurs, agences de location de véhicules), village Artisanal de Tambacounda...

Sur le plan professionnel, ces premiers mois furent intenses en rencontres avec un travail de proximité, de recherche documentaire, d'écoute et d'échanges avec les acteurs et partenaires de la coopération. L'intérêt pour moi était surtout de comprendre la perception qu'ils avaient de l'action du département de l'Isère, de la région de Tambacounda, leurs attentes vis-à-vis des changements dans le dispositif de suivi et d'animation avec la création d'un poste de chargé d'appui, basé à Tambacounda. À cette période, j'ai vraiment beaucoup bougé pour être au contact du terrain, et ce, partout où une action de la coopération a été menée. En résumé, à peine arrivé, j'ai tout de suite enchaîné réunions de prise de contact, à Tambacounda, Kédougou et Bakel… effectué plusieurs séances de travail avec la région de Tambacounda, la nouvelle région de Kédougou, les services techniques, les ARD, les opérateurs... J'ai été vraiment submergé, mais il le fallait pour partir du bon pied. Il faut aussi dire que la coopération était là depuis 1999, avec ses personnes ressources, son réseau d'acteurs, canaux utiles au début pour partager toute cette expérience de développement local. Cela été extrêmement utile pour comprendre l'histoire et poser les bases d'une nouvelle collaboration pour le département de l'Isère à Tambacounda.

Sur une telle mission, on peut toujours arriver à destination avec un background scientifique et technique, j'en avais avec mon parcours d'études. Mais une fois de plus, la connaissance du terrain, des *us* et coutumes, des pratiques administratives… est essentielle pour la réussite d'une mission de travail, encore plus dans le monde du développement. Très vite, il a fallu faire preuve de professionnalisme (organisation, rigueur, disponibilité, pro activité) au quotidien, pour espérer mobiliser les acteurs et partenaires autour des projets de la plateforme de coopération.

CONCLUSION DE LA PREMIÈRE PARTIE

Cette première partie a permis de mettre en exergue le contexte particulier de cette mission de volontariat de solidarité internationale, car se situant juste après l'évaluation de la coopération du département de l'Isère et de la région de Tambacounda, en 2007/2008. Le département de l'Isère et l'ensemble de ses partenaires avaient fait du changement, une priorité dans la conduite des actions. Le rapport était de ce point de vue très clair avec cette nécessité pour les acteurs en Isère et à Tambacounda de faire évoluer leurs pratiques, d'agir avec plus de cohérence et plus de clarté dans les rôles respectifs des uns et des autres. Le changement attendu au-delà de la qualité et de la mise en œuvre des projets, était avant tout structurel.

La création du poste de chargé d'appui avec une permanence à Tambacounda a été une des grandes avancées dans l'amélioration de ce cadre institutionnel de conduite des actions. Cette présence sur le terrain permettait de créer une relation de confiance et proximité entre le département de l'Isère et l'ensemble des acteurs locaux au Sénégal (collectivités locales, opérateurs, ARD, services techniques déconcentrés, autres partenaires privés…) pour accompagner chacun en ce qui le concerne à pleinement jouer son rôle dans la conduite des actions. L'objectif visé était de faire de la maîtrise d'ouvrage locale une réalité et surtout à la région de Tambacounda, de « porter » la plateforme de coopération décentralisée et être en capacité de mobiliser différentes ressources locales ; bref de faire de la coopération décentralisée, un moyen de créer et maintenir une dynamique de développement local.

PARTIE II :
LES FACTEURS DÉTERMINANTS DANS LA STRUCTURATION DE L'ACTION PUBLIQUE LOCALE

La coopération décentralisée comme indiquée est un moyen de déploiement à l'international des collectivités locales françaises pour élaborer avec des collectivités locales partenaires, un ensemble de projets qu'elles conduisent ensemble et qui contribuent au développement des territoires partenaires. L'engagement dans une telle action publique locale pour atteindre ses objectifs requiert des préalables. Le premier chapitre met en exergue la nécessité de la prise en compte de la dimension temporelle des processus de développement pour essayer de trouver une adéquation entre les besoins et les ressources disponibles. Le deuxième chapitre montre tout l'intérêt dans la conduite d'une action publique y compris à l'échelle locale, de la part des acteurs de s'accorder sur le contenu en le définissant ensemble dans le respect des rôles de chacun. Le troisième et dernier chapitre est consacré à l'importance de l'implication des acteurs pour faire en sorte que ce qui a été décidé en termes de programme d'actions soit réalisé avec la participation de chacun et de tous.

CHAPITRE 1 : L'INSCRIPTION DE L'ACTION PUBLIQUE DANS LA DURÉE

Le développement, quel que soit l'échelon territorial de sa mise en œuvre est intimement lié à la notion de temps. Il doit entraîner la transformation des structures sociales en améliorant leurs capacités à prendre en charge des problématiques données. Et l'action publique joue un rôle essentiel dans ce sens. La coopération décentralisée reste un moyen de déploiement de cette action publique sur des échelles territoriales infranationales. Du temps, il en faut pour imaginer des projets, les mettre en œuvre et s'enquérir de leurs impacts sur le terrain.

A. DE LA VISION À L'ACTION EN MATIÈRE DE COOPÉRATION DÉCENTRALISÉE

L'action de l'Isère à Tambacounda a démarré avec un projet pilote de développement touristique dans le village de Dindéfélo, dans le département de Kédougou en 1999. Depuis, plusieurs conventions de coopération ont été signées, toutes associées à des programmes d'actions en Isère et à Tambacounda. L'engagement du département de l'Isère dans cette forme de coopération en partenariat avec d'autres collectivités locales s'est traduit concrètement par la définition d'un cadre d'action au sein du département, la création de cadres de mobilisation des opérateurs et le déploiement d'outils techniques en appui à la conduite de projets. En tant que compétence optionnelle, la prise en charge de la coopération décentralisée au sein d'un département en France dépend avant tout de cette volonté politique qui définit les moyens (humains, techniques, financiers) nécessaires à sa mise en œuvre. Certes, l'engagement financier[22] est important pour agir, mais dans une logique de durabilité, l'organisation interne est essentielle pour porter, suivre et faire vivre la volonté politique exprimée au quotidien. Il s'agit d'un processus parfois long de mobilisation des services de la collectivité locale pour organiser leur implication réelle dans la conduite des actions de la coopération. Dans cet objectif, créer et « opérationnaliser » un service dédié à la

---

[22]Entre 1999 et 2007, le département de l'Isère a financé la plateforme de coopération avec la région de Tambacounda à hauteur de 1 035 943 euros (Rapport général de l'évaluation, p.12).

coopération internationale est un impératif. Ce service a pour rôle essentiel d'être l'interlocuteur technique interne et externe dans la conduite de la politique engagée.

Pour matérialiser cette vision et pour qu'elle réussisse, toute politique de coopération décentralisée a besoin d'un portage politique fort, d'un ancrage autour de certaines valeurs et d'objectifs clairs, ou encore par la mise en place d'une démarche de travail mobilisatrice pour créer des relations de collaboration avec divers acteurs dont les opérateurs. Pour cela, des étapes importantes sont à franchir :

- Une affirmation politique de la volonté de s'inscrire dans une telle dynamique,
- Le choix d'une stratégie claire et l'élaboration de plans d'action,
- La création et la dotation en ressources d'un service dédié pour assurer le suivi technique et la coordination des activités,
- La mobilisation des services de la collectivité pour des fins de mutualisation et pour leur soutien technique et politique,
- La mise en route d'une démarche de mobilisation des acteurs locaux pour bénéficier de leur expertise, de leurs réseaux et leurs financements,
- La mise en place de procédures et d'outils techniques pour répondre aux besoins des opérateurs dans la gestion quotidienne de leurs projets,
- L'inscription de la coopération dans les réseaux institutionnels, techniques et financiers actifs sur d'autres échelons de l'action publique pour faire bénéficier de leurs ressources, les projets ciblés.

Il est évident aussi que comme pour toute politique, il faut du temps pour mettre en œuvre toutes les étapes (conception, mise en œuvre, suivi et évaluation), raison pour laquelle, il est toujours important de bien définir les enjeux de l'engagement d'une collectivité locale à l'international, de les partager au mieux en son sein et avec les acteurs locaux présents sur son territoire pour informer et mobiliser autour de la politique engagée. Ce travail d'information est capital pour créer les conditions politiques du déploiement à l'international de la collectivité locale. En tant que politique publique, de surcroît optionnelle pour le département en France, ces soutiens internes (différents services et élus) et externes (opérateurs et autres acteurs du territoire) sont essentiels pour s'inscrire durablement dans une politique de coopération décentralisée. Plus globalement, toute politique publique s'inscrit dans une vision ; chercher à atteindre des objectifs précis engendre des coûts et génère des bénéfices pour les populations. Pour tenir dans le temps, et la coopération décentralisée ne fait pas exception, elle doit être soutenue et défendue en cas de besoin. Ce travail revient aux acteurs impliqués dans sa conduite.

Encadré 4 : Les raisons de l'engagement du département de l'Isère à l'international[23]

L'Isère est un département traditionnellement ouvert à l'international, tant par la présence de nombreuses communautés d'origine étrangère que par des entreprises internationales. Cette ouverture offre aux Isérois une opportunité de nouer des échanges et de connaître d'autres cultures. L'action internationale est aussi un formidable outil de réflexion qui invite à construire en Isère et ailleurs un mode de développement plus respectueux des hommes et de leur environnement. Très spécifiquement, le département de l'Isère est engagé à l'international pour contribuer à lutter contre les inégalités dans le monde, pour défendre des valeurs de solidarité, perpétuer une certaine tradition humaniste du département et permettre à ses populations de s'ouvrir à d'autres cultures. Ces éléments représentent finalement les bases de mobilisation du département, de ses services et des acteurs de son territoire (associations/ONG, groupements professionnels, établissements d'enseignement et de formation...) dans des dispositifs de coopération décentralisée et de soutien à diverses actions de développement à l'international.

B. Un atout : Des possibilités d'arbitrages en termes de priorités

S'inscrire dans la durée donne la possibilité aux collectivités locales partenaires de s'organiser pour répondre efficacement aux besoins exprimés à la fois par les populations et les opérateurs. Ce temps est utile aux opérateurs pour aussi travailler leurs projets, et aux collectivités locales pour renforcer leur dispositif institutionnel d'action et de procéder aux arbitrages politiques. Cet arbitrage passe par une priorisation tenant compte de l'urgence, de l'opportunité, de l'utilité des actions afin de les planifier de manière stratégique et

---

[23]Document de Communication, Isère Magazine, numéro 108, mars 2010, Dossier « Pour une solidarité sans frontières ».

opérationnelle dans le temps. C'est le lot de toute politique publique en réalité. Un autre élément non négligeable que le temps permet dans ce type de relation, reste la connaissance entre partenaires et l'instauration d'une confiance mutuelle pour créer les conditions de l'implication effective de chaque acteur. À ce poste de chargé d'appui à la coopération sur cinq ans, avec des déplacements récurrents sur le terrain, j'ai pu me rendre compte à de nombreuses reprises à quel point les besoins étaient importants et combien grandes étaient les difficultés pour aller au bout de certains projets. Tout ceci fait du temps, à la fois un atout et une contrainte de l'action. On mesure aussi à ces moments, la nécessité de se donner du temps, car de bonnes volontés, mêmes manifestes, ne suffisent pas toujours à réussir un projet de développement.

L'objectif d'une collectivité locale française à l'image du département de l'Isère dans un territoire partenaire, n'est certainement pas d'avoir plus de projets, mais plutôt de construire et faire vivre une ou des plateformes de coopération où la cohérence est de mise, la création et l'entretien de dynamiques locales une réalité. Pour y arriver, il faut savoir faire preuve de patience tant les réalités institutionnelles, politiques diffèrent entre une collectivité locale en France et une autre dans pays au Sud ou à l'Est. C'est aussi comme cela que le temps peut aider à construire des relations durables. Concevoir la coopération décentralisée comme une démarche de développement durable suppose une prise en compte évidente du facteur temps, cadre d'une certaine stabilité. À défaut, on fera certainement de l'urgence, segment de la coopération internationale réservée à certains types de structures répondant à une autre logique d'action. Une fois de plus, agir en urgence peut s'avérer utile, mais ce n'est certainement pas faire du développement.

Dates clés de l'action de l'Isère à Tambacounda et à Kédougou entre 1999 et 2014

1999 : Appui à un projet de développement touristique à Dindéfélo (dans l'actuelle région administrative de Kédougou),

2002 : Signature de la 1ère convention de 3 ans avec la région de Tambacounda sur les thématiques suivantes : eau, santé, tourisme et éducation.

2003 : Organisation de la Semaine du Sénégal en Isère.

2005 : Signature de la 2ème convention de 3 ans avec de nouveaux thèmes de coopération : agriculture, genre, éducation au développement et appui institutionnel,

2007 : Évaluation externe de la coopération et organisation des journées du Sénégal en Isère,

2008 : Signature d'une nouvelle convention de coopération avec la région de Tambacounda, adoption en Isère de la Charte de la coopération décentralisée pour le développement durable et partition de la région de Tambacounda au Sénégal (avec la création de nouvelles régions : Tambacounda et Kédougou),

2009 : Création du poste de chargé d'appui à la coopération avec pour résidence Tambacounda, création de la Réserve Naturelle Communautaire du Boundou et organisation des « journées de la coopération » avec élaboration d'un programme de coopération pour trois ans,

2010 : Signature de deux nouvelles conventions distinctes de coopération avec les régions de Tambacounda et de Kédougou,

2013 : Élaboration d'un nouveau programme de coopération pour trois ans.

C. Un credo à tenir : Faire confiance et accompagner les opérateurs

La coopération décentralisée repose essentiellement sur l'implication dans la conduite de l'action de tierces structures, nommées opérateurs. Il s'agit là d'une spécificité appelant les collectivités locales à travailler notamment avec différentes organisations de la société civile. L'exemple isérois montre à suffisance que l'atteinte des objectifs en matière de coopération décentralisée dépend largement de la mobilisation des opérateurs et de leurs capacités à conduire des projets. Dans divers domaines (tourisme, santé, environnement, éducation, culture, social...), les opérateurs isérois portent des projets, font preuve d'initiatives, de professionnalisme et transmettent aussi des valeurs et engagements au service de l'homme et de son milieu. Par exemple, pour promouvoir le développement des droits des femmes, l'Isère aura recours à l'expertise du Planning familial ; pour accompagner les acteurs locaux dans le développement touristique, à Tétraktys ; pour accompagner le développement de la formation professionnelle, à la Fédération départementale des lycées privés agricoles ou encore pour promouvoir l'éducation populaire, à l'association Afro-Culture. Ce sont de telles structures qui sont en lien direct avec les opérateurs à Tambacounda et Kédougou pour mener ensemble des projets.

Il est important de souligner que depuis 1999 à Tambacounda, les opérateurs isérois ont bénéficié de la confiance du département de l'Isère grâce à un appui institutionnel, technique et financier pour réaliser différents projets (construction et réhabilitation d'infrastructures, création et entretien de dynamique économique, accès aux services sociaux de base, préservation de l'environnement, promotion sociale...). En réalité, la qualité du lien collectivité-opérateurs est essentielle dans la conduite d'un programme de coopération décentralisée. Il est évident que ce lien se construit avec le temps et doit être basé sur la confiance. Dans ce sens, la compréhension mutuelle des atouts, contraintes et difficultés des parties est essentielle. Pour un tel climat, rien de mieux que le dialogue et la transparence. J'ai encore en mémoire des explications d'un directeur de Tétraktys, qui disait en substance qu'au début de la coopération avec la région de Tambacounda, en Isère, les opérateurs étaient devant la collectivité ; qu'à un moment donné, ils étaient à peu près au même niveau, et qu'à partir de 2009, ils sont derrière le département de l'Isère. Cela traduit à mon sens l'évolution même de la coopération décentralisée en France.

Finalement, une plateforme de coopération décentralisée ne vaut que par l'engagement, la détermination et le professionnalisme des opérateurs. Ils constituent ainsi le maillon essentiel et une des richesses de cette forme de coopération très souvent qualifiée de « coopération à taille humaine » du fait de cette proximité entre les acteurs (collectivités locales, opérateurs, divers partenaires techniques et financiers). Ce dialogue permanent entre collectivités locales et opérateurs a été aussi l'un de mes objectifs dès l'arrivée au Sénégal en 2009. Il est vrai que cette relation était beaucoup plus structurée en Isère qu'à Tambacounda, et ce lien, comme le rapport de l'évaluation l'a souligné, a vraiment manqué pour faire vivre la plateforme de coopération au Sénégal. Ce dialogue a conduit à une meilleure organisation du travail, permis d'instaurer un climat de confiance entre la région et les opérateurs, et surtout de rendre opérationnels les cadres d'échanges et de coordination des actions (réunions techniques, comité de suivi). Une telle démarche permet aux acteurs de se parler et de partager des expériences en matière de gestion des projets. Pour un jeune professionnel, que de choses apprises ! C'est peut-être, pour cela aussi que je suis resté tant d'années à ce poste.

La société civile a un rôle essentiel à jouer dans la mise en œuvre des politiques publiques. Elle est souvent force d'initiatives, de propositions qu'elle expérimente sur une échelle donnée. Elle veille aussi au respect des engagements politiques. Elle a cette capacité à redonner du sens et de la légitimité à l'action publique. Elle contribue ainsi à la qualification des processus par une interrogation sans cesse renouvelée sur l'action publique, ses contours et son efficacité par le biais notamment d'échanges inter acteurs, d'alertes et de propositions souvent très concrètes. La société civile a cet avantage de pouvoir penser « le petit » pour qualifier « le grand » en faisant preuve de pro activité et d'engagement.

D. UNE MÉTHODE À PROMOUVOIR : LA CONTRACTUALISATION DES ENGAGEMENTS

La contractualisation est essentielle dans tout processus de travail partagé et indispensable à la structuration de toute action de développement. Depuis 2002, par période de trois ans, le département de l'Isère a toujours eu des conventions de coopération avec la région de Tambacounda conformément aux législations en France et au Sénégal. Ces conventions sont les premiers éléments juridiques légaux qui posent les grands principes d'action (philosophie, durée, démarche). En Isère, des conventions techniques et financières ont toujours régi les relations entre le département et les opérateurs pour sécuriser les conditions d'intervention de ces derniers et répondre aussi à des nécessités légales en France notamment en termes de transparence dans l'utilisation de l'argent public. Depuis 2009, avec les nouveaux engagements post-évaluation de qualifier les processus de mise en œuvre des actions, une innovation a été introduite par l'adoption de protocoles techniques de travail entre opérateurs (isérois, tambacoundois et kédovins). Pour arriver à ces protocoles techniques, il a fallu beaucoup de travail sur les aspects juridiques, techniques afin de proposer à des structures, parfois de nature différente, un contenu qui réponde aux exigences légales en France et au Sénégal. C'est par exemple, le cas d'Aide Médicale et Développement, une association en France, et la Région Médicale de Tambacounda, qui est un service déconcentré de l'État au Sénégal.

Ces protocoles techniques donnent la possibilité aux collectivités partenaires de disposer d'éléments objectifs pour suivre l'atteinte des résultats sur chaque projet conformément à la planification, et apprécier la qualité de la démarche à travers le respect des engagements pris par les opérateurs. Ces protocoles ont fait partie intégrante de la démarche de structuration de la coopération décentralisée, de la qualification des pratiques de mise en œuvre des projets par les opérateurs, et, au-delà, de l'action publique elle-même. La coopération décentralisée ne saurait être seulement un moyen de réaliser des projets de développement. Elle doit aussi, dans son rôle d'appui à la maîtrise d'ouvrage locale, contribuer au renforcement des capacités des acteurs locaux et qualifier les processus institutionnels pour rendre l'action publique à l'échelle infranationale plus efficace et diffuser une démarche de travail en matière de développement local. Voilà, comment en tant que chargé d'appui, je concevais aussi l'action du département de l'Isère au Sénégal, en mettant un accent particulier sur la démarche et les procédures dans la conduite des projets. Au quotidien, ces protocoles techniques entre opérateurs isérois et sénégalais ont permis d'avancer dans la gestion des projets, d'expérimenter des solutions, de mesurer la capacité des opérateurs à faire face à leurs engagements. Et, pour les collectivités locales en coopération, de disposer d'éléments de suivi afin de mieux accompagner les opérateurs dans la mise en œuvre de leurs projets. Dans chaque protocole technique, on a :

- Le préambule
- L'objectif général de l'action
- Les objectifs spécifiques
- Les engagements des différents opérateurs isérois et tambacoundois, en particulier sur les moyens que chacun apporte :
- Une programmation dans le temps des principales actions à mener,
- Un mécanisme de suivi et de coordination des activités,
- Les clauses finales (résiliation, règlement des différends, entrée en vigueur).

Ce processus d'organisation des relations entre opérateurs isérois et tambacoundois et/ou kédovins a fait objet de beaucoup d'échanges. Avec les opérateurs isérois, ces échanges portaient sur les capacités réelles de leurs partenaires à respecter les engagements qui seraient pris. Toutes les occasions ont été saisies pour expliquer les raisons de rendre formelles ces relations de travail entre les opérateurs en identifiant clairement les rôles et responsabilités des uns et des autres. Il est clair que c'est une chose d'avoir des cadres de travail et une autre de les rendre effectifs. Néanmoins, procéder ainsi rend plus lisibles les relations de travail, améliore la démarche de la coopération décentralisée, car au-delà de la mise en œuvre des projets, la façon de le faire est aussi d'une importance capitale. Le développement est aussi une question de démarche, de structures et d'institutions pour porter les actions et les mener dans le temps. La contractualisation permet donc à chaque acteur d'essayer de jouer son rôle, de sécuriser les relations de travail et de disposer d'éléments pertinents pour juger de la qualité dans la mise en œuvre des actions et aussi de l'atteinte des objectifs. Je continue de penser qu'au-delà des aléas liés au respect des engagements de la part de structures parfois très différentes, aux capacités réelles d'action aussi différentes, qu'il était toujours plus facile d'interpeller les opérateurs sur la tenue de leurs engagements lorsqu'ils étaient écrits et reconnus comme tels.

CHAPITRE 2 : LA DÉFINITION PARTAGÉE D'UN PROGRAMME D'ACTION

Objectif n° 1 à mon arrivée au Sénégal en avril 2009 : réussir à organiser les journées de la coopération de novembre pour bâtir le nouveau programme triennal de coopération. Ce nouveau programme devenu un impératif doit constituer le cadre de mise en œuvre de l'ensemble des recommandations de l'évaluation dans un contexte de partition de la région de Tambacounda avec la création de la région de Kédougou.

A. UN TEMPS DE PRÉPARATION LONG ET INTENSE AVEC LES ACTEURS LOCAUX

Le service coopération décentralisée avait la responsabilité d'animer le processus technique nécessaire à l'élaboration de ce nouveau programme de coopération. Le partenaire financier historique de la plateforme de coopération à savoir le Ministère français des Affaires étrangères et du Développement international (MAEDI) était disposé à accompagner le programme d'action[24]. Il revenait donc aux collectivités locales partenaires d'élaborer un document de qualité et surtout, avec le concours de tous les opérateurs et partenaires techniques de terrain au Sénégal. Tel a été finalement le grand défi. En poste depuis quelques mois seulement, le concours de l'Agence régionale de Développement de Tambacounda fut crucial dans l'élaboration des documents techniques (Termes de Références, fiches synthétiques de bilan des actions, canevas de travail…) et à la mise en place d'une démarche de mobilisation des opérateurs et des partenaires locaux (services techniques régionaux, projets/programmes de développement). Ce concours a été précieux à la plateforme pour informer, mobiliser et impliquer les acteurs concernés par l'événement. Pour réussir ce pari d'organiser ces journées, en tant que chargé d'appui à la coopération, je suis allé à la rencontre de tous les opérateurs au niveau local et des services techniques des compétences transférées. J'ai échangé avec plusieurs projets/programmes et institutions de développement évoluant dans la région (USAID, FNUAP…) sans oublier toutes les discussions avec la

[24]De 2002 à 2007, le MAEDI a cofinancé le programme de coopération à hauteur de 455 660 euros (Rapport général de l'évaluation).

région de Tambacounda, la nouvelle région de Kédougou. J'ai contribué à organiser des séances de travail à Tambacounda, Bakel, Goudiry et Kédougou pour écouter les opérateurs, recueillir leurs avis et suggestions[25]...

Que de choses se disaient sur la coopération ! Ces préparatifs ont été l'occasion de vérifier *in situ* les conclusions du rapport d'évaluation, de faire preuve de beaucoup de pédagogie pour rétablir des faits, dissiper des malentendus et expliquer les nouvelles orientations de l'action du département de l'Isère dans cette coopération au Sénégal. Ce fut une belle expérience de terrain pour une mission de suivi et de coordination d'un programme de coopération décentralisée. Durant ces préparatifs, j'ai été vraiment confronté aux réalités de terrain avec les positionnements des différents acteurs autour de l'organisation de cet évènement. Je voyais au fil du temps, des positions se raidir, la coopération devenir un enjeu remettant parfois au goût du jour de vieilles querelles institutionnelles (ARD-région de Tambacounda, région de Tambacounda-opérateurs). Les débats étaient parfois très corsés, les négociations compliquées, mais à ce poste, je devais tenir pour affirmer les positions du département de l'Isère sur différents sujets (présence des opérateurs, organisation des séances de travail, financement, logistique, résultats attendus, méthodologie de travail...). Pour un jeune professionnel, ce ne furent certainement pas les moments les plus simples à passer, mais dans une logique d'apprentissage, ce fut très instructif.

Tableau 4 : Principaux éléments du programme des rencontres de novembre 2009[26]

Date	Activités	Lieux
12	Visite aux autorités administratives et locales (gouvernance, région, commune), à l'ARD	Tambacounda
13	Déplacements à Goudiry (visites aux autorités locales, lycée), à Bakel (visites aux autorités locales, inauguration du restaurant de la Tour)	Goudiry, Bakel

[25]Bakel et Goudiry sont des départements de la région administrative de Tambacounda.

[26]Durant cette période, les opérateurs isérois ont déroulé aussi leur propre programme de mission dans les régions de Tambacounda et/ou Kédougou.

14	Visites aux autorités locales ; rencontres, échanges avec les opérateurs et partenaires techniques, séances de travail entre collectivités locales (élus et techniciens)	Kédougou
15	Cérémonie d'ouverture des journées, Réunion technique de travail multiacteurs sur la plateforme de coopération (bilan perspectives, cadre de suivi et coordination)	Tambacounda
16	Réunions techniques de travail entre opérateurs sur les projets, séance technique de travail sur les questions institutionnelles entre collectivités locales	Tambacounda
17	Synthèse générale des travaux, cérémonie de clôture, organisation du comité de suivi de la RNC du Boundou	Tambacounda
18	Organisation du Conseil d'Administration du CORENA (RNC du Boundou), déplacement du service environnement du département de l'Isère dans la RNC du Boundou, tenue du forum sur le développement du tourisme au Sénégal oriental	Tambacounda, RNC du Boundou
19	Visite de la RNC du Boundou par le service environnement du département de l'Isère, déplacement à Kédougou (visite aux autorités locales, échanges avec la région, les opérateurs, l'ARD et les services techniques déconcentrés)	Tambacounda, Kédougou
20	Organisation du forum sur le tourisme au Sénégal oriental avec les acteurs de Kédougou, bilan des journées avec la délégation du département de l'Isère et les opérateurs	Tambacounda, Kédougou
21	Échanges avec des opérateurs et bilan de la mission du Parc Naturel régional Millevaches en Limousin sur le déplacement dans la RNC du Boundou.	Kédougou Tambacounda

B. Trois jours de travail multiacteurs à Tambacounda

Les 16, 17 et 18 novembre 2009, dans un hôtel de la place, trois jours d'échanges, de débats, de co-construction des projets, de visites de terrain et de rencontres institutionnelles. Trois jours pour les opérateurs isérois, tambacoundois et kédovins pour travailler sur les actions qu'ils souhaitent inscrire dans la plateforme de coopération avec le concours précieux des services techniques déconcentrés de l'État sénégalais et des ARD de Tambacounda et de Kédougou. Trois jours aussi pour le département de l'Isère, la région de Tambacounda et la région de Kédougou pour s'accorder sur le dispositif de suivi et de coordination des actions avec en toile de fond, le rapport de l'évaluation. Finalement, trois jours pour construire ensemble un projet de coopération en présence notamment de l'Ambassade de France au Sénégal. À cette échelle-là, ce fut une première. Pour arriver aux résultats, différents formats ont été utilisés avec des plénières, des séances de travail en groupe, des rencontres directes entre opérateurs isérois, kédovins et tambacoundois avec la mobilisation de l'expertise technique locale pour soutenir cette démarche de travail. Les séances de travail institutionnel entre collectivités locales ont permis par exemple de réaffirmer des principes d'intervention, de repréciser des engagements techniques et financiers et de s'accorder sur les dispositifs de suivi et de coordination des actions (Comités de suivi et de pilotage). Il s'agit là d'avancées importantes pour que les collectivités locales en coopération jouent effectivement leurs rôles de maîtrise d'ouvrage locale dans la conduite d'action publique.

Il est évident qu'organiser un tel évènement n'est jamais simple dans la pratique. Les couacs, les insatisfactions, il y en a eu sûrement. Mais, dans l'ensemble les activités prévues se sont déroulées dans une ambiance plutôt détendue avec toutes ces délégations venues d'Isère, de Kédougou, de Bakel, de Dakar… et bien sûr de Tambacounda. Au *finish*, au bout des trois jours, du matin à des heures parfois tardives, d'inlassables efforts ont été fournis par les équipes techniques des collectivités locales, les opérateurs, les services techniques déconcentrés et les ARD pour aboutir à un projet de coopération pour la période 2010-2012. Ces temps forts sont indispensables dans la conduite d'une plateforme de coopération décentralisée. Ils permettent à chaque acteur de se rendre compte de la dynamique en cours, des efforts/difficultés dans la gestion des projets. De telles manifestations coûtent toujours, mais la démarche mise en place, la qualité du travail technique, les résultats obtenus ont permis de définir un programme partagé d'actions, d'ancrer davantage cette action publique locale à Tambacounda et à Kédougou, de mieux la structurer et de conférer plus de légitimité aux acteurs (collectivités locales, opérateurs) qui y sont investis.

Tableau 5 : Présentation des collectivités locales en coopération[27], année 2013[28]

	Isère	Tambacounda	Kédougou
Collectivité	département	région	région
Superficie	7 882 km^2	42 706 Km^2	16 896 Km^2
Population	1,235 387 hts	688 973hts	166 907hts
Densité	166,2 ha/Km^2	16 ha/Km^2	9 ha/Km^2
Communes[29]	533	46	19
Nombre d'élus	58	50	50
Budget	1.36 milliard d'euros	579.307 euros[30]	511.946,841 euros
Administration	4600 agents	65 agents	44 gents

[27]En novembre 2009, le principe de conventionner distinctement avec la région de Kédougou est acquis pour la nouvelle plateforme de coopération 2010-2012.

[28] Situation économique et sociale régionale de Kédougou et de Tambacounda des statistiques du département de l'Isère.

[29] Ce nombre de communes dans les régions de Tambacounda et de Kédougou découle de la Loi n° 2013-10 du 28 décembre 2013 portant code général des collectivités locales.

[30]Avec un taux de change fixe, 1 euro égal à 655,957 FCFA.

C. Et, finalement, un programme d'actions et un dispositif institutionnel de suivi

Au-delà du programme d'actions, où les projets ont fait objet d'un travail minutieux entre opérateurs isérois, tambacoundois et kédovins assortis d'engagements techniques et financiers ; les journées de novembre 2009 ont été l'occasion de définir des cadres de suivi et de coordination des interventions pour répondre aux besoins d'animation de la plateforme de coopération, une des principales raisons du changement du dispositif institutionnel avec la création de postes de chargé d'appui. Très concrètement dans chaque région partenaire du département de l'Isère, il devait être organisé chaque semestre un comité de suivi des actions qui mobilisent l'ensemble des opérateurs et partenaires locaux autour de la collectivité pour faire le point sur les interventions (situation des projets, implication des acteurs, synergies d'actions…). Et, chaque année, un comité de pilotage est chargé de l'orientation politique et réunit les collectivités locales partenaires. Une des missions à ce poste de chargé d'appui à la coopération était aussi d'assurer le suivi de toutes les décisions qui auront été actées lors des différentes rencontres. Cela faisait beaucoup de responsabilités tant les engagements pris étaient nombreux.

En somme, pendant ces journées de la coopération, du 12 au 21 novembre 2009, le temps a été mis à profit par les collectivités locales, les opérateurs, les partenaires techniques et financiers pour poser les bases d'une nouvelle relation de collaboration et de travail entre le département de l'Isère et les régions de Tambacounda et de Kédougou avec un programme d'actions définies en commun ayant impliqué les opérateurs, des services techniques déconcentrés, les ARD, des projets/programmes de développement. Après tant d'efforts physiques, techniques et financiers, le programme d'actions a été validé par les trois collectivités partenaires. Ce programme reçut l'appui financier du MAEDI. Pour rendre effectif ledit programme d'actions triennal, deux nouvelles conventions distinctes ont été signées le 3 novembre 2010 à Dakar par le département de l'Isère : une avec la région de Tambacounda, et une autre avec la région de Kédougou. Aujourd'hui, je pus dire que ce temps passé ensemble pour élaborer ce programme d'actions a été utile pour créer une dynamique de travail autour de la conduite des actions avec la mobilisation des acteurs concernés dans les régions de Tambacounda et de Kédougou (collectivités locales, services techniques, opérateurs, projets/programmes de développement), avec une présence effective du département de l'Isère (institution et opérateurs) sans oublier l'ambassade de France au Sénégal ainsi que d'autres bailleurs de fonds publics et privés.

Tableau 6 : Synthèse du dossier de demande de cofinancement 2010 – 2012

Rubriques	Contenu
Titre	Programme mutualisé d'appui à la gouvernance locale pour le développement durable
Finalité	Le présent projet s'inscrit dans un objectif de développement durable, mutualisant les atouts et les richesses des différentes collectivités partenaires pour une meilleure cohérence et complémentarité de leurs actions pour un développement durable
Thématiques	Appui institutionnel et assistance à maîtrise d'ouvrage, animation et valorisation des territoires
Composantes	Appui institutionnel et animation des territoires • Appui à l'élaboration des PRDI • Échanges d'expériences à la planification territoriale, à la démarche participative, et au développement local
	Valorisation des territoires (tourisme, environnement, culture) • Appui à la structuration et à la mise en œuvre des activités de la RNC du Boundou • Appui à la structuration d'un tourisme durable • Préservation et soutien aux expressions culturelles locales
	Accès aux services publics locaux (éducation, santé, action sociale) • Coopération éducative et échanges d'expériences • Promotion des droits des femmes (lutte contre les violences) • Construction et équipement de structures de santé • Promotion d'activités génératrices de revenus • Formation professionnelle

Bénéficiaires	élus et techniciens des régions de Tambacounda et de Kédougou, élus et techniciens du département de l'Isère, opérateurs et bénéficiaires des projets de la coopération
	21 villages (6000 hts) et les 4 communes de la RNC du Boundou, les acteurs touristiques de la région du Sénégal oriental (hôteliers, restaurateurs, guides), artistes isérois, tambacoundois et kédovins, auditeurs des radios locales
	Élèves et enseignants des établissements isérois et des régions de Tambacounda et de Kédougou en partenariat ; les publics des CDEPS, des centres de santé, le Comité régional de Lutte contre les violences faites aux femmes et aux filles, les femmes et filles victimes de violences.
Budget prévisionnel	Coût total : 2 095 658,85 €
	département de l'Isère : 721 001,32 €
	région de Tambacounda : 197 793.4 €
	région de Kédougou : 146 228 €
	Cofinancement demandé au MAEDI : 388 231,48 €[31].

[31] Ce programme a bénéficié d'un cofinancement du MAEDI de 370 000 € (17.65 %).

CHAPITRE 3 :
LA MOBILISATION DES ACTEURS ET PARTENAIRES DE LA COOPÉRATION DÉCENTRALISÉE

Très utilisée dans le monde du développement, la mobilisation traduit l'idée que le développement n'est simplement pas un processus administratif ou technocratique mené par le haut, mais un processus s'appuyant sur l'initiative et la volonté de chaque acteur de prendre part au processus de conduite d'un projet. Pour ma part, la mobilisation est l'engagement de mettre en œuvre un développement par le bas et traduit la disponibilité des acteurs d'un projet de développement à travailler ensemble en échangeant des informations, en construisant des dynamiques pour cheminer vers l'atteinte des objectifs qu'ils se sont assignés.

A. CRÉER ET FAIRE VIVRE DES ESPACES D'ÉCHANGES MULTIACTEURS

Arriver à un tel objectif, requiert la mise en place de cadres de travail dans lesquels chaque acteur dans le respect de son identité pourrait se retrouver et essayer de jouer effectivement son rôle pour mener à bien l'action poursuivie. Ces différents cadres quand ils sont effectifs constituent le creuset de l'animation autour d'un projet. Dans cette démarche, la place de l'animateur est essentielle. Il aide à créer les conditions de mobilisation des acteurs en les rassurant quant à l'issue de leur participation. Il doit être capable aussi de comprendre leurs logiques propres, les intérêts en jeu, pour trouver les voies et moyens de mettre ensemble et de faire travailler les uns et les autres. Dans ce sens, la pédagogie, la communication et la persévérance restent ses principales armes. Ce n'est jamais simple d'intéresser des acteurs dans la conduite d'une action de développement, même si les choses peuvent paraître évidentes. Il faut une démarche claire et partagée. Pour y arriver, il est important de prévoir ces espaces d'échange et de travail dans l'organisation même du projet pour ensuite passer à leur opérationnalisation. Pour animer tout processus de conduite d'un projet, il est essentiel :

- D'identifier chaque acteur concerné, saisir l'intérêt de sa structure à participer au processus,

- De l'inviter en bonne et due forme à toutes les activités le concernant,
- De permettre l'expression de son point de vue lors des rencontres,
- De lui faire instantanément un retour après chacune de ses participations,
- De poursuivre systématiquement le dialogue pour les prochaines étapes.

Il s'agit avant tout de maintenir le contact. Ces éléments peuvent être prenants pour ceux qui gèrent directement un projet, car occasionnant un important travail technique et de coordination, mais la qualité de la démarche globale en dépend fortement. Ne dit-on pas que l'excellence n'est pas seulement dans l'atteinte des résultats escomptés, mais bien dans la démarche mise en œuvre. Il s'agit en fait de créer une espèce de « communauté » où chaque acteur pourrait se considérer comme une partie intégrante d'un ensemble. Cet ensemble lui reconnaissant sa contribution à l'atteinte des objectifs partagés. À ce poste de chargé d'appui à la coopération, sur place à Tambacounda, Kédougou, Bakel… au fil du temps, grâce à un travail de réseautage (formel ou informel), j'ai beaucoup appris des relations institutionnelles et interpersonnelles au Sénégal, choses indispensables pour créer un environnement de travail à plusieurs. Pour arriver à ce résultat, j'ai passé du temps à rencontrer les gens, discuter avec eux et mesurer ce que chacun pouvait apporter à la plateforme de coopération. C'est comme cela, que nous avons pu tenir des réunions, en enchaîner parfois plusieurs par jour avec une mobilisation constante des opérateurs et partenaires locaux. À Tambacounda et à Kédougou, les comités de suivi [32]ont été régulièrement tenus sans oublier toutes les réunions techniques (suivi et coordination) sur chaque projet. La mise à l'épreuve de ces cadres institutionnels (comités de suivi et de pilotage, réunions de coordination) a conduit à la structuration d'un cadre de travail, a rendu plus lisibles les rôles et responsabilités des acteurs et a ainsi créé un certain climat de confiance, chose indispensable dans la gestion d'un projet. Dans une plateforme aussi vaste et diverse, de tels cadres sont nécessaires pour

[32]Réunions semestrielles prévues par les conventions de coopération pour suivre la conduite des projets. Ils réunissent autour des collectivités locales, les opérateurs, les services techniques déconcentrés, les Agences régionales de Développement… alors que le comité de pilotage réunit une fois par an les collectivités locales partenaires pour faire le point politique dans la conduite des actions.

fluidifier la circulation de l'information, mobiliser les acteurs et ainsi évaluer le respect des engagements des uns et des autres. S'il y a une chose qui n'a pas vraiment manqué durant ces cinq années au Sénégal, ce sont toutes ces rencontres multiacteurs pour faire bénéficier de cette action publique locale toutes les ressources disponibles dans les territoires partenaires (Isère, Tambacounda, Kédougou) voire au-delà à la fois au Sénégal et en France.

Ces cinq années ont été l'occasion de comprendre davantage qu'au-delà des schémas institutionnels, techniques et financiers, le développement est aussi pour ne pas dire surtout une question humaine et sociale. Au Sénégal où la relation avec l'autre est souvent primordiale, le temps qu'on lui accorde peut s'avérer décisif. On peut même dire que beaucoup de choses marchent à l'affect d'où la nécessité de créer cette relation de confiance pour espérer mobiliser les acteurs.

B. DÉPLOYER DES OUTILS D'INFORMATION ET DE COMMUNICATION AUTOUR DES ACTIONS

En début de mission en avril 2009, j'ai pu vérifier l'un des diagnostics de l'évaluation de la coopération à savoir le déficit d'informations dans la conduite des actions de la coopération décentralisée (principes, acteurs, rôles et responsabilités, actions…). Des initiatives étaient pourtant en place avec notamment la publication des *brèves de la coopération*[33]. À partir de là, il était de mon devoir de trouver les moyens de remédier à cette situation, car l'accès à l'information est crucial pour la conduite d'un projet de développement. Je savais aussi les enjeux liés à un bon retour de cette information de terrain pour le département de l'Isère (pour le suivi et la coordination) ainsi que les opérateurs isérois pour leur planification. À Tambacounda et à Kédougou, en relation avec les opérateurs et partenaires locaux, il a été expérimenté des outils parfois simples ; mais efficaces. Dans ce sens, les *brèves de la coopération*, outil phare d'information et de communication, ont été nettement améliorées et la

[33]Lettre d'information, elle a pour but d'informer, d'échanger, d'éclairer sur les actions et les sujets d'actualité concernant le partenariat de coopération. Elle est bimestrielle et distribuée aux acteurs et partenaires. Elle a compté 37 numéros jusqu'en décembre 2015.

cadence tenue. Il y a eu aussi une publication régulière de la *Lettre du Boundou*[34] avec un travail de qualité, effectuée par la chargée d'appui au CORENA et le représentant de l'ARD de Tambacounda à Bakel.

Cette dernière publication en français, mais également traduite en anglais et en langues locales (Poular notamment) était envoyée aux acteurs et partenaires du projet et distribuée dans les « villages » de la RNC du Boundou. Ces deux outils d'information ont été largement diffusés à chaque parution notamment via internet. Cette nécessaire information est aussi passée par la mobilisation de différents médias pour une couverture des activités de la coopération dans chaque région partenaire. Ainsi, l'information autour des activités était relayée par des radios locales et communautaires, par la presse nationale (radio et télévision) ou encore celle en ligne. Il faut dire que la production et la gestion de l'information ont été essentielles dans la conduite de la plateforme de coopération. Au département de l'Isère aussi, toutes les occasions sont saisies pour informer et mobiliser, mais aussi valoriser ce qui se fait sur ce territoire reculé du Sénégal oriental sans oublier les efforts faits dans ce sens par les opérateurs à travers diverses publications (site internet, documents de communication…).

Pour terminer, disons que l'information et la communication sont source de transparence dans la conduite des politiques publiques. Et dans cette volonté affichée de produire et de partager cette information au Sénégal, la disponibilité d'internet à Tambacounda et à Kédougou a vraiment facilité les choses. Internet m'a permis de travailler, de rester en contact avec les opérateurs, les partenaires de terrain. Il a facilité la communication et fluidifié l'information dans la conduite globale de l'action. Jeune et professionnel du champ du développement, je sais aussi au quotidien, la puissance d'internet et sa capacité à créer un environnement stimulant de travail. Avoir internet avec cette qualité dans l'arrière-pays comme à Tambacounda (461 km) ou encore à Kédougou ou Bakel à plus de 700 km de la capitale Dakar, offre d'énormes possibilités de travail et de développement de différentes initiatives pour faire face aux besoins des populations. Voilà pourquoi le développement local est connecté à celui national, le déploiement de telles infrastructures étant réalisé à ce dernier niveau. Et, c'est tout l'intérêt de maintenir cette interaction entre les échelons territoriaux pour améliorer durablement la conduite

34 Cette lettre d'information destinée aux acteurs et partenaires de la RNC du Boundou est un trimestriel qui, en août 2016, était à son 22ème numéro.

des politiques publiques au service des populations, quel que soit leur lieu de résidence sur le territoire national. Cela est important dans une logique d'équité et d'accès à différents services notamment publics pour des populations très souvent dans le besoin en milieu rural.

C. Opérationnaliser un cadre de suivi et de coordination des actions

Dans la conduite d'un projet ou d'un programme de développement, le suivi est essentiel pour qu'à chaque fois que nécessaire, la prise de décision soit facilitée. Pour cela, il est important de mettre en place un dispositif dans lequel des acteurs sont identifiés, leurs rôles en termes de fourniture de l'information définis et l'utilisation de cette information connue. Il s'agit avant tout, d'une démarche au cours de l'action permettant la collecte et le traitement de l'information par les acteurs concernés. Un système de suivi conduit à chaque instant à s'interroger sur les pratiques, la qualité des moyens mobilisés, l'efficacité des processus organisationnels, le respect des engagements et bien évidemment les retours du terrain. Techniquement, il est un outil au service de l'action, permettant de mesurer les écarts, d'y apporter des correctifs si nécessaire. Pour cela, en tant que chargé d'appui à la coopération donc personne relais, entre les collectivités locales en relation, et entre les opérateurs isérois, tambacoundois et kédovins, le contact a toujours été direct et sans interruption avec les acteurs locaux (collectivités locales, opérateurs, services techniques, ARD…) pour recueillir leurs avis, échanger avec eux sur les réalités du terrain, mesurer *in situ* les progrès et difficultés qu'ils rencontrent dans la mise en œuvre des projets. Il est important de retenir que ce travail de suivi sur le terrain a eu cinq objectifs majeurs :

- Rendre compte au département de l'Isère de la mise en œuvre des projets dans les régions de Tambacounda et de Kédougou,
- Faire des retours du terrain aux opérateurs isérois pour être au fait de ce qui se passe dans leurs projets et mieux préparer leurs missions au Sénégal,
- Disposer d'éléments objectifs issus des réalités du terrain pour améliorer l'appui technique apporté aux opérateurs tambacoundois et kédovins,
- Faciliter le travail de coordination avec les régions de Tambacounda et de Kédougou,

- Documenter au mieux la conduite des projets pour répondre aux besoins d'information sur la plateforme de coopération.

<u>Schéma : Dispositif de suivi et d'animation de la coopération 2009 – 2014</u>

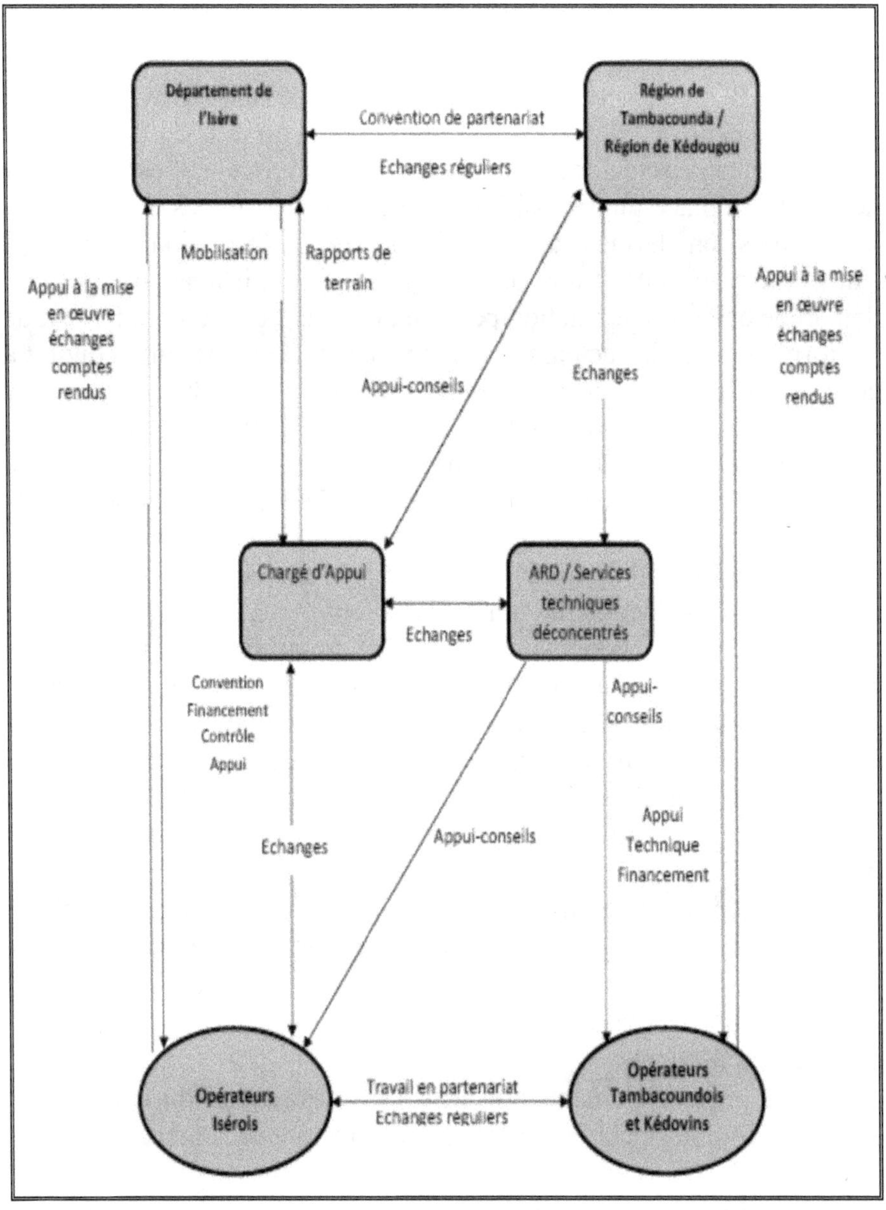

Ce rôle de suivi de suivi sur le terrain a été aussi facilité par un travail technique important (production et gestion de l'information) et de coordination. À cette position et pour assumer correctement les responsabilités, il a fallu s'organiser personnellement et mettre en place une démarche de travail où étaient associés les acteurs et partenaires de la coopération à Tambacounda et à Kédougou. Cela commence bien évidemment par une organisation en termes d'objectifs, de timing, de résultats à atteindre pour proposer des canevas techniques (méthodologie, contenu) de travail aux acteurs capables d'intégrer leurs préoccupations individuelles, mais aussi les objectifs des projets. Au début de cette mission en avril 2009, il n'a pas été simple de mettre les choses en place, car les réunions n'étaient pas trop la tasse de thé de plusieurs acteurs locaux. Mais la question était de savoir comment nous pourrions travailler sans ces espaces d'échanges. Pour assurer au quotidien ce suivi des activités, différentes actions ont été menées :

- Un contact mail et téléphone régulier avec le service coopération ainsi que tous les opérateurs,
- La production et la diffusion d'un compte rendu après chaque réunion autour d'une activité de la plateforme de coopération,
- Le déplacement sur le terrain pour rencontrer les opérateurs et faire le point sur le niveau d'exécution des projets,
- La production d'une fiche de suivi de mission pour le service coopération en Isère, après chaque déplacement d'un opérateur isérois à Tambacounda et/ou à Kédougou,
- La production d'un rapport technique de travail tous les semestres,
- La rédaction de notes techniques pour informer et alimenter la réflexion autour de la mise en œuvre des projets,
- La production d'un compte rendu de mission après chaque déplacement à Kédougou, Bakel, Dakar ou encore en France,
- La collecte et le traitement de l'information pouvant intéresser les acteurs de la plateforme (articles de journaux, émissions radio et TV…) pour diffusion.

Cette démarche de travail avec les outils techniques mis en place a largement contribué à diffuser l'information, à mobiliser les acteurs et les partenaires, à améliorer la conduite des projets. J'ai vu au quotidien, comment le simple fait de produire et diffuser des rapports d'activité, des comptes rendus de réunions pouvait mobiliser les partenaires autour de la plateforme de coopération, car ils se sentaient « considérés ». Ce devoir de rendre compte, de documenter au mieux la conduite des actions de la coopération décentralisée a bénéficié de l'implication de tous les volontaires[35] du département de l'Isère sur place. Chacun dans ses responsabilités a travaillé dans ce sens avec une production technique importante et diversifiée (notes, rapports, comptes rendus...) pour disposer d'éléments objectifs afin d'aider à la prise de décision à Tambacounda et Kédougou, mais aussi en Isère.

D'une manière générale, tout processus de suivi d'un projet/programme est :

- Un instrument de gestion partagée en mettant à la disposition des acteurs, chacun en ce qui le concerne, de l'information utile à la prise de décision,
- Un outil de mobilisation des acteurs autour de l'action avec ce retour qui leur est assuré et cette possibilité de dialogue sur ce qui se fait au quotidien,
- Un instrument au service de la qualité des pratiques de gestion grâce aux échanges sur la démarche de travail et le respect des engagements pris,
- Un outil au service de la mobilisation des ressources en ce sens qu'il facilite la lisibilité des actions et des pratiques associées à leur mise en œuvre,
- Un outil de transparence avec la production et la diffusion de l'information aux acteurs et partenaires rendant cette possibilité de vérification possible,
- Un outil de communication avec la mise en place d'une palette d'outils accessibles aux citoyens qui peuvent ainsi suivre, comprendre, et, pourquoi pas, se mobiliser pour accompagner ce qui se fait au quotidien.

Au-delà, de ces éléments fondamentaux, j'étais vraiment convaincu que rendre compte est une exigence dans la conduite de toute politique publique. Il est vrai que l'information est stratégique dans la mise en œuvre d'un projet et maîtriser ce processus de production et de diffusion de connaissances est essentiel. Mais une fois de plus, cette

---

[35] Durant cette mission, le département de l'Isère mobilisait trois volontaires de solidarité internationale. Le Chargé d'appui à la coopération évoluant dans les régions de Tambacounda et de Kédougou, la Chargée d'appui au CORENA et le Chargé à l'Éducation au Développement Durable évoluent dans la RNC du Boundou (région de Tambacounda).

exigence de rendre compte est à la fois professionnelle et démocratique.

- **Professionnelle**, dans ce sens qu'à ce poste de chargé d'appui à la coopération, on est un maillon de la chaîne de décision avec donc une grande responsabilité : fournir le maximum d'éléments techniques (notes, mailing, rapports…) pour faciliter la prise de décision surtout en Isère, mais aussi à Tambacounda et Kédougou. Et pour cela, la fluidité de l'information reste une garantie.
- **Démocratique,** en ce sens que des engagements politiques ont été pris à travers les conventions de coopération, des ressources publiques et privées mobilisées. Et, il est tout à fait normal que les citoyens (Isérois, Tambacoundois et Kédovins) aient droit de regard sur leur emploi pour juger de la qualité des actions mises en œuvre dans l'atteinte des objectifs poursuivis. Cette transparence sur ces questions financières est essentielle pour construire une relation durable avec les partenaires financiers (publics et privés) dans un contexte de raréfaction des ressources et d'augmentation des besoins de populations.

Agir au niveau local ne signifie en rien, faire *fi* de cette exigence de rendre compte en matière de gestion publique. Cela y va de la crédibilité de la politique poursuivie et des acteurs y engagés. Sans cette transparence, pas de démocratie à l'échelle locale, et pourtant qui est une des finalités des processus de décentralisation.

Sur le terrain, pendant cinq ans, on mesure les difficultés liées à la conduite de projets à l'échelle locale. Cette présence continue sur le terrain rassure les partenaires locaux, fluidifie l'information, favorise le dialogue, améliore la conduite des actions. Des retours de cette mission, avec le nombre de projets que peuvent comporter les plateformes de coopération décentralisée au Sénégal, la diversité des acteurs impliqués, les besoins de suivi et de coordination ; il est impossible pour une collectivité locale française engagée dans un tel processus de ne pas avoir un ou plusieurs relais dans les territoires partenaires.

Conclusion de la deuxième partie

Dans les processus de développement, quelle que soit l'échelle territoriale, la structuration de l'action publique engagée est essentielle. Et dans cet objectif, la planification reste un moyen à la disposition des décideurs publics pour organiser les processus de développement. Cette planification donne de la visibilité à la volonté d'agir. La coopération décentralisée, moyen de déploiement à l'international des collectivités locales françaises ne peut faire *fi* de la dimension temporelle et spatiale du développement. S'inscrire dans la durée, associer les acteurs et partenaires des projets/programmes, créer des dynamiques de travail sont autant d'éléments qui ont contribué à structurer l'action du département de l'Isère dans sa coopération avec la région de Tambacounda, et depuis 2009, avec aussi celle de la région de Kédougou.

Créer des cadres d'action, faciliter la mobilisation des acteurs locaux ont permis aussi un ancrage de la coopération décentralisée de l'Isère dans les régions de Tambacounda et de Kédougou et conduit à une meilleure organisation des relations de travail entre les différents acteurs et partenaires. Ces éléments sont d'une importance capitale dans la gestion d'un projet et/ou d'un programme de développement. Finalement, s'inscrire dans le temps, créer ces cadres d'échange et de mobilisation des acteurs ont facilité l'animation de la plateforme de coopération décentralisée et se sont révélés être des éléments catalyseurs dans l'implication des collectivités locales, des opérateurs et des partenaires de la coopération dans la réalisation de multiples projets de développement tant en Isère qu'à Tambacounda et Kédougou.

PARTIE III : AU QUOTIDIEN, SUR LE TERRAIN AU SÉNÉGAL

Comment durant cinq ans, les actions de la coopération décentralisée ont été menées à Tambacounda et Kédougou. Que peut-on retenir finalement de cette relation de travail au quotidien avec de multiples acteurs locaux ? Tel est l'objectif de cette partie pour mieux comprendre les réalités vécues dans la gestion de plusieurs projets de développement. Le premier chapitre est consacré aux rôles et à la place des missions des opérateurs (dans les territoires partenaires) dans l'animation d'une plateforme de coopération décentralisée. Le deuxième chapitre porte un regard sur les différentes contributions des acteurs et partenaires locaux dans la conduite des actions de la plateforme de coopération avec la mobilisation des régions de Tambacounda et de Kédougou, des services déconcentrés de l'État ou encore des Agences régionales de Développement. Le troisième et dernier chapitre revient sur les difficultés que les acteurs d'une plateforme de coopération décentralisée peuvent rencontrer dans la mise en œuvre des projets en relation avec d'autres intervenants dans le développement local au Sénégal.

CHAPITRE 1 : LES DÉPLACEMENTS SUR LE TERRAIN

Les déplacements des opérateurs isérois au Sénégal, et tambacoundois et kédovins en Isère constituent des moments forts dans l'animation de cette plateforme de coopération décentralisée. Cette forme de coopération infranationale, au-delà du lien entre collectivités locales, repose aussi, pour ne pas dire essentiellement, sur l'engagement d'hommes et de femmes disposés à échanger, à partager des expériences et à mettre ensemble en œuvre des actions de développement dans les territoires partenaires. Cette proximité et cette réciprocité ont été au cœur de l'action du département de l'Isère au Sénégal oriental entre 2009 et 2014.

A. LE TERRAIN, ESPACE DE DÉCOUVERTE, DE FORMATION ET D'ENRICHISSEMENT CULTUREL

Jeune professionnel, ce passage dans le Sénégal oriental ont été moult occasions de travailler au quotidien avec les collectivités locales, les opérateurs et divers partenaires tant à l'échelle locale que nationale (services techniques, ARD, projets/programmes de développement, ONG…). Avec un tel entourage humain et professionnel, on apprend à écouter, à essayer de comprendre, à planifier, à organiser et à rendre compte. Sur le plan professionnel, les déplacements sur le terrain ont été des occasions de mettre à l'épreuve des logiques de gestion de projets, de les confronter à l'expérience de personnes mieux outillées en la matière. Ces déplacements ont été aussi des moments de rencontres avec les réalités des terroirs, d'échanges avec les populations et parfois d'interrogations. Il s'agit là de processus vieux comme le monde, mais qui marquent parfois à jamais, celui qui en a été confronté. Durant toute cette mission, à chaque déplacement à l'intérieur des terres au Sénégal ou en France, on apprend sur le pays, ses institutions, ses populations, ses *us* et coutumes, par la même occasion et sans nul doute, sur soi-même. Pour un professionnel du monde du développement, dans cette plateforme, il y avait vraiment de quoi s'occuper avec le nombre de projets, les domaines concernés, les acteurs impliqués, les problématiques traitées, les problèmes rencontrés et parfois, les solutions proposées par les acteurs et/ou les populations… Aller à la rencontre de ces réalités du terrain pouvait inspirer, interroger, conforter des idées… Bref, on en ressort toujours avec quelque chose en plus.

De retour de cette mission au Sénégal, on peut dire sans risque de se tromper, qu'au-delà des prouesses techniques, de l'intérêt des théories apprises sur les questions de développement, la connaissance des réalités humaines, sociales et culturelles est essentielle et un atout majeur pour tout professionnel du monde de développement. Dans la réalité, un projet est loin d'être simplement une question d'objectifs à atteindre, il traduit aussi une vision, des réalités humaines et sociales dans sa construction et mise en œuvre. Cette dimension « culturelle » devrait être davantage prise en compte dans le champ du développement, encore plus dans le monde de la coopération. Par essence, coopérer signifie aller vers l'autre, créer du contact, mettre en relation des individus et/ou sociétés. Agir dans un tel contexte appelle forcément à prendre en compte cette réalité « différenciée » essentiellement ancrée dans les cultures des individus et/ou des sociétés en lien. Le culturel structure la pensée et les actions des hommes et des femmes avec lesquels tout acteur de développement est en contact régulier.

À travers ces déplacements au plus près des réalités de l'action du département de l'Isère dans les régions de Tambacounda et de Kédougou, au contact avec les populations ; on comprend mieux aussi les enjeux de la coopération décentralisée. Au contact des populations de Kédougou, on saisit mieux pourquoi le département de l'Isère et les autorités locales s'investissent pour préserver les richesses culturelles du pays Bassari[36]. En parcourant le Boundou[37] dans la région de Tambacounda, on saisit aussi, l'intérêt de la coopération décentralisée de se mobiliser autour des projets d'accès à l'eau et mieux encore, la nécessité de préserver cette ressource à tout point de vue vitale. Ces déplacements de terrain au contact des populations et de leurs réalités de vie permettent de mesurer les enjeux de cette politique publique locale, les difficultés et atouts des opérateurs dans la gestion quotidienne de leurs projets… Ces retours sont indispensables à tout acteur de développement à la base pour mieux comprendre les

[36]Patrimoine mondial de l'UNESCO, le pays Bassari est sauvegardé et mis en valeur au service d'un développement durable du terroir.

[37]Situé dans la région de Tambacounda, à cheval entre les départements de Goudiry et Bakel, le Boundou est riche de son histoire, ses traditions et cultures, mais reste confronté à d'énormes difficultés socioéconomiques (enclavement, accès aux services sociaux de base, destruction de l'environnement…).

contextes, les acteurs et leurs stratégies, sans oublier les éléments sur lesquels, l'on pourrait asseoir une dynamique de travail.

Ce sont là des éléments essentiels pour coconstruire des projets partagés et adaptés ou encore améliorer sans cesse les logiques de mise en œuvre des projets. Il est évident aussi que dans de telles expériences personnelles et professionnelles, il y a forcément des dimensions et des enjeux qui nous dépassent, voire nous échappent en tant que personne. Mais une fois de plus, toute expérience de ce type enrichit, ouvre aux réalités du monde. Au contact des institutions en France et au Sénégal, au contact des opérateurs, ou encore des citoyens, que de choses apprises sur les relations humaines et sociales, sur les dynamiques sociales et politiques, sur les relations interpersonnelles... Une fois de plus, ce fut une expérience personnelle et professionnelle, et au regard des contacts, de la qualité des échanges, à ce poste de chargé d'appui à la coopération, on ne peut en sortir que grandi. La leçon de tout cela, il y a toujours tant de choses à apprendre des autres, pourvu que l'on fasse preuve de disponibilité, d'écoute et parfois aussi de patience.

Je continue de penser que c'est dans les échanges réciproques que les individus et les sociétés arrivent à construire des passerelles pour s'accepter mutuellement. Pour cela, l'ouverture d'esprit, la tolérance et la compréhension sont indispensables. La coopération décentralisée dans ses fondements et telle qu'elle a été vécue avec cette expérience du département de l'Isère, dans les régions de Tambacounda et de Kédougou, reste un facteur de rapprochement des peuples et des territoires dans un esprit de promotion de la solidarité à l'échelle internationale.

B. UNE CADENCE DE MISSIONS DES OPÉRATEURS PARFOIS DIFFICILE À GÉRER

Comme rappelé, les déplacements des opérateurs dans les territoires en coopération font partie intégrante de l'animation d'une plateforme de coopération décentralisée. À maintes reprises, au Sénégal, des réflexions du type : « pourquoi ne pas prendre les financements accordés aux opérateurs isérois pour venir à Tambacounda et/ou à Kédougou pour les investir directement dans la réalisation de projets ? » La réponse a toujours été la même : « sans ces missions, pas de coopération décentralisée, pas d'enracinement du développement par le déploiement des compétences des opérateurs de l'Isère à Tambacounda et Kédougou ». Durant ces cinq années, j'ai vu défiler de nombreuses missions à Tambacounda et Kédougou. La cadence n'était pas la même pour tous, mais en moyenne chaque opérateur en réalisait deux par an. Ces déplacements à Tambacounda et/ou Kédougou sont à chaque fois préparés (ce qui est une des responsabilités à ce poste de chargé d'appui). Derrière chaque déplacement d'opérateur au Sénégal ou en France, il y avait un travail technique important, des questions logistiques à gérer, un suivi et une coordination à assurer. Donc, une organisation personnelle à mettre en place et des relations avec les différents acteurs locaux à gérer pour accompagner au mieux les opérateurs dans l'atteinte de leurs objectifs.

La gestion du temps aura toujours été une préoccupation durant cette mission au Sénégal. Les responsabilités étaient importantes (représentation, travail administratif et technique, suivi et coordination, information et mobilisation) et pour les assumer, une organisation efficace est requise. Parfois, ce temps peut peser, mais je trouvais toujours quelque chose à faire, même dans une salle d'attente d'un bureau, ou encore dans une gare routière : je lisais, j'écrivais et/ou corrigeais des documents. En vérité, le temps, il ne fallait surtout pas en perdre, tout en l'accordant quand c'est nécessaire.

Ainsi, pour chaque déplacement d'un opérateur isérois à Tambacounda et/ou Kédougou, j'assumais diverses responsabilités, à savoir :

- Être en contact permanent (téléphone, mail) pour échanger sur le projet de mission (contenu, programmation, attentes…),
- Mobiliser les partenaires locaux (opérateurs, services techniques, ARD...),
- S'occuper des questions de logistique (véhicule, hébergement…) à la demande de l'opérateur,
- Accueillir l'opérateur en début de mission pour rediscuter du contenu,
- Participer aux échanges avec les acteurs locaux et déplacements de terrain,
- Faire le bilan de la mission avec la région de Tambacounda et/ou Kédougou,

- Élaborer la fiche de suivi de la mission pour le département de l'Isère,
- Assurer le suivi des recommandations à Tambacounda et/ou à Kédougou.

En vérité, il y avait peu de place pour faire autre chose durant cette mission de volontariat, de solidarité internationale au Sénégal. Avec l'enchaînement des missions des opérateurs, donc des déplacements à l'intérieur des régions de Tambacounda et de Kédougou, la nécessité de rendre compte, le suivi sur le terrain, la mobilisation à ce poste de chargé d'appui à la coopération a été totale. J'étais néanmoins content de mes responsabilités malgré un calendrier parfois très chargé avec plusieurs missions à gérer au même moment. Cette activité quotidienne a évité l'ennui et favorisé la confrontation aux réalités de gestion de multiples projets de développement (infrastructures, dynamique économique, préservation de l'environnement, dynamique culturelle, accès aux services sociaux de base, appui institutionnel). Ce furent autant d'occasions pour apprendre et apprendre à travailler. Finalement, les missions de terrain des opérateurs sont des moments importants dans l'animation d'une plateforme de coopération décentralisée. Elles caractérisent la démarche même de la coopération décentralisée, favorisent les rencontres et les échanges interacteurs du Sud et du Nord pour partager des expériences et gérer ensemble des projets de développement. Ces missions dans les territoires partenaires constituent de ce fait, la matrice d'action d'une plateforme de coopération décentralisée. C'est la raison pour laquelle, ces déplacements dans une logique de réciprocité, sont essentiels à préserver, même s'il est vrai que des acteurs du Sud peuvent rencontrer des difficultés à cet effet (financements, procédures administratives de visas…)[38]. Toujours est-il que cette mobilité est l'une des forces de cette forme de coopération inter collectivités et malgré les difficultés (techniques, financières, organisationnelles) qui peuvent en résulter, il est important pour les acteurs concernés de la défendre et la promouvoir pour éviter de faire de la coopération décentralisée, une simple relation entre institutions locales.

---

[38] Il est important de souligner que durant toute cette mission, les déplacements en Isère ont été facilités par les services de l'Ambassade de France à Dakar grâce à une relation entretenue avec le Service de Coopération et d'Action culturelle.

C. Le poste de chargé d'appui à la coopération : Atouts et exigences

L'intérêt du poste de chargé d'appui reste la position centrale qu'il confère dans la conduite de la plateforme de coopération décentralisée Isère-Tambacounda-Kédougou. Il donne cette opportunité à son titulaire d'être en contact avec de multiples acteurs, d'agir dans nombre de domaines avec la diversité des actions que la plateforme comporte. Ce n'est pas la même chose de gérer un projet d'infrastructures, de dynamique économique, de préservation de l'environnement ou encore d'appui institutionnel. À ce poste, le *credo* a toujours été de mieux comprendre les enjeux des projets, les positionnements des acteurs, les logiques d'action mises en jeu, les outils techniques utilisés par les opérateurs. Travailler sur ces éléments permet de définir une démarche de travail sur le plan technique pour être en capacité d'échanger avec eux. Cette façon de faire permet au titulaire de ce poste d'interroger ses propres acquis (théoriques, méthodologiques, techniques) pour faire face aux demandes des opérateurs et aux exigences professionnelles de la mission de travail. Avec le nombre de missions d'opérateurs à Tambacounda, Kédougou et en Isère, j'ai eu cette opportunité de travailler avec multiples acteurs aux parcours divers et variés. Je n'étais pas spécialiste de nombre de secteurs dans lesquels intervenait le département de l'Isère, mais la conduite d'une politique publique appelle les acteurs impliqués de s'inscrire dans une vision globale, de s'adapter et d'adapter les outils techniques à leur disposition. Ce fut le cas à ce poste de chargé d'appui à la coopération et durant toute cette mission au service du développement local dans ces régions de Tambacounda et de Kédougou.

Cette mission au Sénégal avec toutes les rencontres, les déplacements de terrain, les échanges avec les acteurs locaux a été en somme, des moments privilégiés d'écoute, de partage d'idées et d'expériences et de déploiement de démarches de travail pour atteindre les objectifs assignés à chaque projet de la plateforme de coopération. Des retours de cette expérience en termes de gestion de projets/programme de développement, on peut citer :

- La participation tant recherchée dans les projets de développement devrait tenir compte de la capacité des acteurs à influer sur les processus mis en œuvre. C'est comme si nous faisions une pondération en mathématiques. Il n'y a jamais d'équivalence absolue entre acteurs de développement, tout dépend finalement de la nature du projet, de son contexte de mise en œuvre et de son intérêt pour les acteurs concernés. Au-delà du nombre, la représentativité réelle des acteurs et l'efficacité dans l'action devraient toujours être prises en compte dans la conduite des projets,

- L'agent de développement de par sa capacité technique et organisationnelle a un rôle fondamental à jouer dans l'animation d'un processus par le déploiement d'outils techniques et une démarche de travail mobilisatrice. Le professionnel doit prendre toute sa place aux côtés des acteurs et dans la mise en œuvre des actions de développement,
- Le leadership est fondamental pour créer la confiance et espérer mobiliser acteurs et partenaires d'un projet. Ce leadership repose aussi sur la légitimité, des capacités techniques et organisationnelles de l'acteur concerné qui lui confèrent une certaine capacité d'influence dans les processus.
- Les cadres logiques[39] de projets sont essentiels pour s'assurer de la cohérence dans la mise en œuvre des actions. Ils peuvent et doivent même parfois être adaptés, mais vouloir s'en passer sous prétexte que « c'est le terrain qui commande » est une erreur, car privant le professionnel d'outils d'analyse (essayer de comprendre, interpréter, mettre à l'épreuve),
- Gérer un projet de développement revient aussi à avoir cette capacité à arbitrer entre différents intérêts « portés » par les acteurs en présence qu'il faut savoir intégrer et dépasser à la fois pour privilégier les objectifs du projet. Ces intérêts peuvent parfois générer des

[39]Elle est une méthode utilisée pour la planification d'un projet ciblée sur les objectifs avec une idée fondamentale, la justification du projet réside dans le fait que les services et les biens produits correspondent aux besoins des individus (le groupe cible). Le cadre logique synthétise sous forme de tableau (une matrice) toutes les informations clés d'un projet : objectifs, résultats, activités, risques, programmation, ressources et permet ainsi de répondre aux principales questions dans la gestion d'un projet : Quel est le but du projet ? Quelles activités vont être menées pour atteindre ce but ? Quelles sont les ressources nécessaires ? Quels risques pourraient affecter la mise en œuvre du projet ? Comment seront mesurées l'évolution des activités et l'atteinte des objectifs ?

tensions voire des conflits qu'il faut savoir anticiper et lorsqu'ils surviennent, être prêts à les résoudre,

- Il faut toujours faire en sorte que dans la gestion des projets, les acteurs, malgré les difficultés (institutionnelles, techniques et financières), progressent dans l'exercice de leurs rôles et responsabilités en matière de développement local.

Mais ce poste de chargé d'appui à la coopération exige aussi un travail colossal pour appendre, et parfois vite, comprendre, imaginer et proposer aux opérateurs des solutions qui répondent à leurs difficultés et/ou inquiétudes dans la gestion de leurs projets. Jeune professionnel, Il n'est jamais aisé de travailler avec des séniors parfois très aguerris dans les différents métiers du développement local. Il a fallu très vite a mon arrivée au Sénégal, faire preuve de beaucoup d'écoute, de disponibilité, d'organisation, d'anticipation… bref de professionnalisme au quotidien pour assumer tout simplement les responsabilités qui étaient les miennes dans la conduite de la plateforme de coopération décentralisée (travail technique et administratif, suivi et de coordination).

On entend souvent dire que l'important reste le terrain ou c'est le terrain qui commande. Il est primordial de comprendre ce qui s'y passe. Mais est-ce possible sans un background théorique ? À mon avis, non. La pensée théorique structure toujours l'action, l'interroge perpétuellement. Ce cadrage théorique permet d'expliquer, de fournir des logiques d'analyse et de compréhension des dynamiques en cours dans la gestion d'un projet. Cela est extrêmement important pour prendre du recul, suivre et capitaliser sur l'expérience dans une logique d'amélioration continue des processus de mise en œuvre des projets de développement.

CHAPITRE 2 :
DE LA CONTRIBUTION DES ACTEURS ET PARTENAIRES LOCAUX

La réussite d'une plateforme de coopération exige la pleine mobilisation des collectivités locales, des opérateurs et des partenaires techniques et financiers. Cette mobilisation touche à la définition des actions, la recherche de financement et l'accompagnement technique des opérateurs en mettant à leur disposition des cadres de travail, des outils de réflexion et d'action pour agir tous les jours.

A. DE L'IMPLICATION DES RÉGIONS DE TAMBACOUNDA ET DE KÉDOUGOU

Le rapport d'évaluation de 2008 avait mis en exergue la faiblesse de l'implication de la région de Tambacounda dans la conduite des actions avec pour conséquences :

- La confusion des rôles entre la région et l'Agence régionale de Développement,
- Le manque d'interlocuteur politique pour le département de l'Isère dans l'orientation et la gestion de la plateforme de coopération,
- La faiblesse dans l'accompagnement des opérateurs (isérois et tambacoundois) dans la mise en œuvre de leurs projets.

Pour faire face à ces défis, le département de l'Isère a mis à la disposition des acteurs locaux au Sénégal un instrument pour mieux les accompagner dans le portage et la mise en œuvre des actions avec la création d'un poste de chargé d'appui à la coopération basé à Tambacounda. Au-delà de ce changement, il était aussi indispensable de créer dans chaque région partenaire un cadre interne autour duquel les autres acteurs et les partenaires de la coopération décentralisée pourraient se retrouver. Ainsi, à Tambacounda, un référent technique a été désigné et à Kédougou, une commission coopération décentralisée mise en place. Avec ces deux éléments, les échanges avec le département de l'Isère ont été rendus faciles. À ce poste de chargé d'appui, je voyais les régions de Tambacounda et de Kédougou fonctionner au quotidien avec de très grandes difficultés sur le plan technique, administratif et financier. Pour faire vivre la politique de coopération décentralisée dans chacune des régions et dans le respect des rôles des différents acteurs, il a fallu agir avec elles dans cet apprentissage à la maîtrise d'ouvrage locale.

Agir, c'est avant tout prendre pleinement conscience des difficultés d'action de ces collectivités locales dans la promotion du développement à la base,

Agir, c'est aussi déployer au quotidien une démarche de travail impliquant les élus, les personnels administratif et technique des régions en les associant à la mise en œuvre des activités sur le terrain,
Agir, c'est maintenir le contact permanent avec les interlocuteurs techniques au sein des régions pour échanger sur la conduite des actions, la mobilisation des opérateurs et des partenaires locaux,

Agir, c'est faire preuve de patience et comprendre au mieux les réalités locales pour trouver des ressources permettant aux régions de jouer leurs rôles dans la conduite des actions,

Agir, c'est faire des hôtels de région, les lieux de convergence des activités de la plateforme de coopération (réunions, manifestations),

Agir, c'est aussi organiser différents rendez-vous avec les élus pour discuter à chaque fois que c'est nécessaire de la situation de la coopération décentralisée et/ou de projets particuliers.

Travailler ainsi a créé un climat de confiance entre acteurs locaux, a facilité la mobilisation des régions de Tambacounda et de Kédougou et surtout aidé à avancer dans la mise en œuvre de différents projets. **Ce travail a-t-il été facile ? Non, sans aucun doute**. Cependant, la disponibilité des référents, d'élus et des personnels technique et administratif des régions a été un atout majeur, car, au fil du temps, le contact est devenu facile et a fait émerger un cadre de travail plus collaboratif. Replacer les nouvelles régions de Tambacounda et de Kédougou au cœur de la coopération décentralisée a été vraiment un objectif professionnel durant cette mission au Sénégal convaincu du rôle et de la place des institutions dans tout processus de développement. Dans une plateforme de coopération décentralisée où les projets sont nombreux, les attentes et les exigences techniques très élevées, il y a besoin pour les acteurs de s'inscrire dans une dynamique globalc, d'essayer au mieux de jouer pleinement leurs rôles. Cela est extrêmement important, mais objectivement, pas toujours facile à atteindre au regard des capacités réelles d'action notamment des collectivités locales au Sénégal, et les régions de Tambacounda et de Kédougou n'ont pas fait exception. La question essentielle reste comment mieux accompagner et donc légitimer les collectivités locales au Sud dans les projets de coopération décentralisée ? Des expériences d'ailleurs et des études de cas sur l'appui à la maîtrise locale d'ouvrage me donnaient des outils théoriques pour cela. Mais une fois de plus, sur le terrain, il a fallu travailler au quotidien, parfois sans vraiment trop de sérieux (moins de formalisme) pour imaginer et poser des actes/attitudes qui pourraient aller dans ce sens.

Tableau 7 : Démarche de travail avec les régions de Tambacounda et de Kédougou

Dimension	Actes/Attitudes
Technique	Signature systématique de tous les courriers officiels, Appui technique à la rédaction de documents (lettres, notes) Échanges quotidiens avec les référents (préparation des missions, réunions de suivi et coordination, déplacements de terrain…) Mobilisation des personnels techniques et administratifs dans la mise en œuvre des projets Appui technique au référent à la région de Tambacounda Échanges et partage d'expérience sur les processus de décentralisation (cadres juridiques, rôles des acteurs, logiques de gestion de projets…)
Organisationnelle	Échange sur les textes de loi, les rôles et responsabilités des acteurs (décentralisation, développement local, coopération décentralisée) Appui à la création et à l'animation d'une commission coopération à la région de Kédougou Création, animation d'un espace coopération à l'hôtel de région de Tambacounda

Politique	Mobilisation des élus dans les activités de la coopération Échanges en début et fin de mission avec les opérateurs isérois Appui technique à la préparation de différents rendez-vous institutionnels (conférences, réunions, visites de terrain…) Production et mise à disposition de documents d'analyse, d'orientation et de synthèse autour des actions
Territoriale	Échange et expérimentation de démarches de mobilisation des opérateurs et autres acteurs locaux (services techniques, ARD) Animation des cadres de concertation (comité de suivi, réunions de coordination) avec la mobilisation des acteurs locaux Organisation de différents rendez-vous de la coopération dans les hôtels de région (réunions, manifestations…) Échange et partage d'expériences sur la dimension territoriale du développement local au Sénégal, en France…

Voilà comment la coopération décentralisée pourrait contribuer au renforcement des capacités institutionnelles des collectivités locales au Sud. Cet objectif ne pourrait pour autant être atteint sans la disponibilité de ressources humaines compétentes au sein de ces collectivités locales au Sud. Ces compétences leur donnent plus de marge de manœuvre technique et de légitimité pour agir sur leur territoire. De telles situations (disposer de compétences propres) facilitent leurs relations avec divers partenaires au développement local avec cette possibilité pour ces derniers de trouver en face des interlocuteurs ayant les capacités techniques et managériales requises en matière de promotion du développement à la base. Voilà pourquoi aussi, il faut faire du renforcement des capacités internes aux collectivités locales, une priorité des processus de décentralisation et de la coopération décentralisée en particulier.

Cette mission a permis de constater le rôle et la place du secrétaire général dans l'administration et l'animation d'une collectivité locale au quotidien. En plus de gérer l'administration, il demeure le premier contact des acteurs et partenaires du développement au sein de la collectivité locale. Aujourd'hui au Sénégal, avoir à ce poste un administrateur qualifié dans les départements et les « grandes » communes est une nécessité dans un objectif de promotion du développement à la base.

Après cinq ans de mission dans les régions de Tambacounda et de Kédougou, de multiples échanges avec divers acteurs (locaux, nationaux et internationaux) des postes sont essentiels au sein des collectivités locales pour jouer pleinement leurs rôles dans l'accompagnement des actions de la coopération décentralisée et/ou de développement de leur localité. Les titulaires de ces postes ont des responsabilités techniques et managériales, et jouent le rôle de conseillers aux élus (une fonction essentielle) et d'appui technique aux services internes aux collectivités locales. Ces deux éléments sont essentiels dans l'effectivité de tout processus de décentralisation. L'objectif est de doter les collectivités locales d'un noyau dur de compétences capables d'insuffler une dynamique de travail en leur sein, de les positionner en capacité de dialoguer avec les partenaires du développement local. Avec leurs propres compétences, les collectivités locales renforcent leur crédibilité et finalement leur légitimité. Aujourd'hui, au Sénégal avec la disparition des régions en tant que collectivité locale, il est difficile pour chaque département de s'engager dans un tel processus de recrutement à tous ces postes, mais il est tout à fait possible d'aller vers une mutualisation à l'échelle de la région administrative. Au nombre de ces postes, figurent :

- **Un (e) économiste du développement**

La dynamique de développement local, pour avoir une chance d'aboutir, devrait s'articuler avec les interventions à tous les échelons de l'action publique. Le développement doit s'inscrire dans une vision et pensée en termes de stratégies et d'actions pour créer les conditions de mobilisation et d'implication réelle des acteurs et partenaires potentiels. Positionné essentiellement en tant que source d'expertise, le titulaire doit travailler à définir cette vision en corrélation avec les objectifs définis au niveau national, voire international, pour des besoins de cohérence. Il doit accompagner les acteurs dans la définition de leurs stratégies d'intervention en mettant à leur disposition de l'information, source de décision et d'action. Il doit avoir une vision globale, alimenter la réflexion autour des stratégies d'action du développement local et contribuer à la mise en place d'une démarche de travail mobilisatrice. Il assure aussi l'alimentation d'un système de veille sur les politiques publiques, les acteurs et leurs stratégies à tous les échelons de décision ;

- **Un (e) chargé (e) de développement territorial**

Avec les processus de décentralisation, le développement s'effectue dans un contexte d'imbrication de plusieurs niveaux de décisions où interviennent des acteurs à la fois locaux, nationaux et internationaux. À cela, il faut ajouter les questions liées à l'aménagement du territoire, à la nécessité d'avoir une démarche de développement dans laquelle les acteurs locaux se retrouvent sans oublier le déploiement d'outils et de logiques de gestion de projets. Le titulaire de ce poste doit être en capacité de faire travailler de multiples acteurs, de contribuer à la création et à l'entretien de dynamiques de travail à l'échelle locale ;

- **Un (e) chargé (e) de la coopération décentralisée**

Au Sénégal, de multiples acteurs (ONG, collectivités locales, groupements professionnels, entreprises, services techniques…) interviennent dans le champ de la coopération décentralisée. Il est important pour toute collectivité locale inscrite dans une telle dynamique, de gérer ses relations avec ses différents partenaires (ces relations sont juridiques, techniques et financières), et de créer le cadre de mobilisation de tous ces acteurs pour accompagner au mieux la collectivité locale dans cette voie. Il est important aussi d'optimiser les interventions pour favoriser le développement des territoires. Le titulaire à ce poste sera en outre chargé d'accompagner toute la réflexion sur les documents de travail et contribuer bien évidemment à leur rédaction pour asseoir les bases juridiques de toute relation partenariale avec la collectivité locale ;

- **Un (e) chargé(e) de l'information et de la communication**

La collecte, le traitement et la diffusion de l'information sont au cœur des processus de développement. L'information reste un élément stratégique dans la prise de décision et sa bonne circulation entre différents partenaires d'un projet permet de créer un climat serein de travail, d'éviter le gaspillage de ressources. Sa production et sa diffusion permanentes permettent aux acteurs d'un projet de suivre au quotidien, des évolutions, d'anticiper et de se projeter. Informer contribue à rendre compte et par la même occasion mobilise. Actuellement, de nombreux outils sont disponibles à cet effet avec l'utilisation des technologies de l'information et de la communication. Le titulaire à ce poste est celui qui propose aux élus et techniciens, des outils adaptés (mailing, site internet, lettre d'information) pour informer à l'interne et à l'extérieur de la collectivité locale. Il doit être capable de développer différents outils pour suivre l'action de la collectivité locale en rendant l'information sur les politiques publiques accessible aux acteurs locaux et citoyens.

Ces différents postes, de par l'intérêt qu'ils représentent pour des collectivités locales en coopération au Sénégal pourvus en compétences techniques et managériales réelles aideront sans nul doute ces dernières à monter des projets, rechercher des financements, animer des dynamiques d'acteurs, suivre et évaluer les actions de développement. Ces postes positionnent les collectivités locales en capacité de négocier et de travailler au quotidien avec différents partenaires locaux, nationaux et internationaux. De telles situations contribuent à renforcer leur crédibilité, leur efficacité et ouvrent de multiples possibilités de développement à l'échelle des territoires, car au-delà de la vision politique, des stratégies de mise en œuvre, le développement est aussi une question de capacité technique des différents acteurs.

B. De l'appui technique constant des Agences Régionales de Développement[40]

L'appui de ces structures techniques a été déterminant dans l'action du département de l'Isère tant les ressources techniques, financières et organisationnelles de ses partenaires institutionnels (régions de Tambacounda et de Kédougou) étaient limitées. La coopération décentralisée a pu bénéficier de l'expertise technique des ARD, de leurs expériences sur les territoires d'action et de leur connaissance des acteurs locaux. Instrument d'appui à la maîtrise d'ouvrage locale, l'Agence régionale de Développement reste une structure incontournable dans le dispositif de développement local au Sénégal. Selon le décret n° 2012-106 du 18 janvier 2012, elle est un établissement public local à caractère administratif et chargée de l'appui à la coordination, à l'harmonisation des interventions et initiatives des collectivités locales en matière de développement local. De façon spécifique, elle est chargée :

- de l'appui et de la facilitation de la planification du développement local ;
- de l'appui à la mise en cohérence des interventions des collectivités locales d'une même région d'une part et avec les politiques et plans nationaux d'autre part ;
- du suivi évaluation des programmes et plans d'action de développement local ;
- de l'appui à la maîtrise d'ouvrage des collectivités locales ;
- de l'appui à l'exécution des projets et programmes ;
- de l'élaboration, l'appui à l'exécution et le suivi des contrats de mise à disposition des services extérieurs de l'État ;
- de l'élaboration et du suivi des contrats de plan ;
- de l'appui à l'animation, à la mise en œuvre et au suivi des initiatives des collectivités locales en matière de coopération décentralisée.

Au quotidien, ces structures ont été mobilisées dans le travail technique, le suivi et la coordination sans oublier la préparation des différentes missions des acteurs (collectivités locales, opérateurs) isérois, tambacoundois et kédovins. Cet appui technique indispensable à une plateforme si dense et diverse n'a pas fait défaut. Cependant, dans une logique de renforcement des capacités propres des

[40] Lien internet pour l'ARD de Tambacounda : www.ardtamba.org,

collectivités locales et de leur légitimation, leurs agents ne sauraient remplacer ceux des collectivités locales. Attention donc au risque de substitution. Il est vrai qu'en tant qu'agent de développement, on est content de voir aboutir des projets et l'expertise technique joue un rôle essentiel, mais la finalité doit rester le renforcement des capacités internes des collectivités locales.

Créée, il y a près de 20 ans pour accompagner les collectivités locales dans la conduite de leurs projets de développement, l'Agence régionale de Développement en tant que structure d'appui au développement joue un rôle important dans l'animation du développement local au Sénégal. Ce rôle ira sans nul doute croissant avec la départementalisation et la communalisation intégrale [41]issues de la loi sur la décentralisation de 2013. La création et l'augmentation du nombre de collectivités locales accroissent le besoin d'appui technique, de mise en cohérence et de coordination des actions de développement à l'échelle régionale.

C. De la présence de l'État aux côtés des régions de Tambacounda et de Kédougou

Au Sénégal, la loi sur la décentralisation de 2013 confère neuf (9) compétences aux collectivités locales[42]. Dans la mise en œuvre de ces compétences à travers la plateforme de coopération Isère-Tambacounda-Kédougou, les services déconcentrés de l'État ont mis à contribution leurs ressources techniques, humaines et parfois financières pour accompagner la réalisation des projets. Pour arriver à ce niveau d'engagement dans la coopération, il a fallu créer une relation de confiance en faisant preuve de compréhension de leurs difficultés au quotidien, mais aussi de leurs atouts dans la mise en œuvre des actions. Aujourd'hui au Sénégal, constat peut-être fait de

[41]Issue de la loi n° 2013-10 du 28 décembre 2013 portant Code général des collectivités locales, elle traduit l'érection du département en collectivité locale et la suppression de la région en tant que collectivité locale. Le Sénégal compte aujourd'hui 45 départements et 557 communes.

[42]Gestion du domaine public et privé ; environnement et gestion des ressources naturelles ; santé, population et action sociale ; jeunesse, sports et loisirs ; culture ; éducation, alphabétisation, promotion des langues nationales et formation professionnelle ; planification ; aménagement du territoire ; urbanisme et habitat.

leurs difficultés à accompagner les collectivités locales dans l'exercice de leurs responsabilités pour des raisons notamment financières[43]. Malgré ce constat, de cette expérience de coopération, jamais une action n'a été handicapée voire arrêtée parce que de tels dispositifs ne fonctionnaient pas sur le terrain. Au contraire, la disponibilité des chefs de service a facilité le travail au quotidien. Présents sur le terrain, ils mobilisent leurs personnels, accueillent et échangent avec les opérateurs isérois et participent aux réunions de suivi et de coordination. Avec les opérateurs isérois, tambacoundois et kédovins, les échanges étaient fréquents sur l'implication de ces services dans la plateforme de coopération. Certains trouvaient que cette implication dans leurs projets n'était pas souvent à la hauteur. En tant que chargé d'appui à la coopération, et conscient de la nécessité de cohérence des actions de la coopération avec les interventions de l'État, je travaillais à maintenir cette relation de confiance avec les services déconcentrés pour favoriser la mobilisation de l'État, tant cet acteur a encore un poids dans la mise en œuvre de la décentralisation au Sénégal. Ainsi, le défi a toujours été de faire en sorte que chaque projet de la plateforme de coopération bénéficie au mieux du service technique concerné en termes d'expertises, de mobilisation de moyens mais aussi de présence dans la mise en œuvre des projets (mission de terrain, suivi, coordination).

Comme rappelé, tout ne peut être réussi dans cette volonté d'associer des acteurs dans un processus de développement. Les réalités du terrain font que parfois des difficultés sont rencontrées. Chaque acteur du développement a ses propres caractéristiques, ses logiques d'intervention et il n'est pas évident de composer avec tous ces éléments à la fois et dans une relation qui se veut quotidienne. Mais, une fois de plus, cette présence effective des services déconcentrés de l'État est nécessaire pour les ressources disponibles en leur sein, la visibilité et la légitimité des actions de la plateforme de la coopération. Avoir autant de services techniques déconcentrés mobilisés ne peut que garantir l'efficacité de la politique poursuivie. Il est utile pour les acteurs de la coopération décentralisée, et notamment

[43] L'État pour faire face à ces difficultés a institué le Fonds de Dotation de la Décentralisation qui est alimenté par un prélèvement de 3,5 % sur la Taxe sur la Valeur Ajoutée (TVA) conformément aux dispositions de l'article 59 de la loi n° 96-07 du 22 mars 1996 portant transfert de compétences aux régions, aux communes et aux communautés rurales, modifiée par la loi n° 2007-07 du 12 février 2007.

les collectivités locales, de travailler avec les services déconcentrés de l'État pour mieux comprendre les logiques de déploiement des politiques sectorielles, les difficultés de l'État à fonctionner au quotidien au Sénégal et ses relations avec de multiples partenaires tant au niveau central que déconcentré. Cela est extrêmement important tant l'État demeure le maillon essentiel des processus de développement, et encore plus à ce stade de la décentralisation au Sénégal.

À titre d'exemple, la coopération décentralisée Isère-Tambacounda-Kédougou a ainsi pu bénéficier de :

- L'expertise technique du Service des Eaux et forêts de Tambacounda pour la réalisation des études techniques et scientifiques dans la cadre de la création de la RNC du Boundou, de l'élaboration et de la mise en œuvre du plan de préservation ;
- L'implication forte de l'Inspection d'Académie de Tambacounda pour le volet éducation au développement durable dans la RNC du Boundou ;
- La mobilisation de l'Inspection du Tourisme sur les projets de développement touristiques au Sénégal oriental (diagnostic, réalisation de projets, déplacements sur le terrain…) ;
- La présence effective des autorités sanitaires (Région Médicale, District sanitaire de Tambacounda) pour la mise à disposition de terrains pour la construction du Centre de Récupération et d'Éducation nutritionnelle (CREN), de l'Unité de Production Artisanale (UPA) de farines enrichies à Tambacounda[44] ;
- L'appui constant du Service régional de l'Urbanisme de Tambacounda dans la préparation technique et le suivi des chantiers (CREN, Case foyer[45]) ;
- De l'implication du Centre départemental de l'Éducation Populaire et Sportive (CDEPS) de Bakel dans la réalisation des projets de promotion de l'éducation populaire.

[44]Cette action est soutenue par le projet global BAMISA (Bouillie Amylasée Mil Soja Arachide) évoluant dans plusieurs pays africains (Sénégal, Mali, Burkina Faso, Niger, République Centrafricaine…).

[45] Espace d'accueil, d'échanges et de partage d'expériences entre associations féminines au Sénégal, bref, la Maison des Femmes. Cette case foyer a été réhabilitée à Tambacounda pour aussi créer un espace d'accueil et d'accompagnement des filles et femmes victimes de violences par le Comité régional de lutte contre ces violences.

Cette présence de l'État dans la conduite des actions de la plateforme s'est aussi manifestée par la disponibilité des autorités administratives des deux régions. Les rencontres ont été fréquentes avec les gouverneurs, préfets et sous-préfets qui recevaient, à chaque fois que souhaité, les élus, techniciens et opérateurs isérois, tambacoundois et kédovins. Cette présence de l'État représente une valeur ajoutée dans la recherche de la cohérence des interventions, de la mobilisation de toutes les ressources locales et la promotion d'une dynamique partenariale dans la mise en œuvre de cette politique publique locale. Travailler ainsi, contribue finalement à pousser chaque acteur à jouer pleinement son rôle dans la promotion du développement local. Cette implication de l'État outre l'appui apporté aux collectivités locales, permet aussi d'imprégner et de renforcer les capacités des administrations publiques (centrales et déconcentrées) dans le suivi de cette forme de coopération infranationale et finalement de disposer davantage d'outils pour mieux accompagner les collectivités locales dans la mise en œuvre effective de leurs prérogatives.

Dans la réalité, quelle que soit la qualité des textes, l'engagement des acteurs est crucial pour créer les conditions d'un développement à l'échelle des territoires. Au-delà des institutions, la mobilisation des personnes est primordiale. En outre, les débats sur la décentralisation sont souvent sans fin, d'où la nécessité pour les acteurs de construire des compromis. Et dans ce jeu complexe où se côtoient divers intérêts, la disponibilité et la volonté d'agir ensemble feront toujours la différence.

Après quelques années sur le terrain, on se rend bien compte de la nécessité d'une plus grande mobilisation des régions de Tambacounda et de Kédougou, mais aussi de l'appui technique des structures telles les Agences régionales de développement ou encore des services déconcentrés de l'État sénégalais. Cette présence effective de ces partenaires des collectivités locales au Sénégal est rendue nécessaire par la démarche de la coopération décentralisée, la quantité et la diversité des projets mis en route. Voilà pourquoi, il était important depuis 2009 de travailler à construire de « bonnes » relations de travail avec les ARD et les services techniques de l'État pour s'assurer cet appui technique utile et trouver des ressources supplémentaires pour mener à bien les programmes d'action de la coopération décentralisée ultérieurs. Pour mémoire, par deux fois entre 2009 et 2014, le département de l'Isère et les régions de Tambacounda et Kédougou ont élaboré des programmes triennaux d'action, en 2009 et 2013. Le dernier, pour la période 2013-2015, s'est inscrit dans la complémentarité des actions de 2010-2012, avec bien évidemment ce souci d'amplifier la dynamique partenariale et répondre au mieux aux préoccupations locales. Pour faire simple, pour aller au bout des projets engagés dans la plateforme de coopération décentralisée Isère-Tambacounda-Kédougou, des partenariats solides à l'échelle locale étaient nécessaires et la densité de la plateforme 2013-2015 ne pouvait que conforter cette réalité.

Tableau 8 : Synthèse du dossier de demande de cofinancement 2013–2015

Rubriques	Contenu
Titre	Programme mutualisé d'appui à la gouvernance locale pour le développement durable
Finalité	Le présent projet s'inscrit dans un objectif de développement durable, mutualisant les atouts et les richesses des différentes collectivités partenaires pour une meilleure cohérence et complémentarité de leurs actions pour aller vers un développement durable
Composantes	**Appui institutionnel et animation des territoires** • Renforcement des capacités des régions • Élaboration des documents de planification (Programme régional de Développement Intégré, Schémas régionaux d'Aménagement du territoire) • Renforcement des capacités de la société civile
	Valorisation des Territoires • Appui à l'écomusée de Bandafassi • Appui au Parc National du Niokolo Badiar • Appui au développement par la culture à Kédougou (Territoires associés par la culture)

	• Soutien aux expressions culturelles locales • Réalisation et valorisation d'ouvrages hydrauliques • Conservation des savoirs locaux dans la RNC du Boundou
	Accès aux services publics locaux • Santé maternelle et infantile • formation professionnelle • Formation continue des personnels de l'éducation • Formation initiale des maîtres d'école • Éducation populaire • Promotion des activités génératrices de revenus • Lutte contre les violences faites aux femmes et filles
	Éducation au développement durable et à la Citoyenneté internationale • Éducation au développement durable dans la RNC du Boundou • Éducation à la citoyenneté et à la solidarité Nord/Sud • Regards croisés sur l'environnement « La Place de l'homme dans son environnement »
Bénéficiaires	élus et techniciens des régions de Tambacounda et de Kédougou, élus et techniciens du département de l'Isère, opérateurs et bénéficiaires des projets de la coopération.
	Les populations de la RNC du Boundou, les acteurs touristiques du Sénégal oriental (hôteliers, restaurateurs, guides), artistes isérois, tambacoundois et kédovins, auditeurs des radios locales.

	Élèves et enseignants des établissements isérois et des régions de Tambacounda et de Kédougou en partenariat ; les publics des CDEPS, des centres de santé, le Comité régional de lutte contre les violences faites aux femmes et aux filles, les femmes et filles victimes de violences, les autorités académiques, les populations des territoires partenaires.
	Les établissements scolaires et les professionnels du secteur éducatif (inspections d'académie, directeurs d'établissements et enseignants, élèves, structures d'appui…) au Sénégal et en Isère, public jeune en Isère et à Tambacounda, les populations des territoires en coopération.
Budget prévisionnel	Coût total : 1 910 182, 5 €
	département de l'Isère : 1 532 182, 5 €
	région de Tambacounda : 231 000 €
	région de Kédougou : 147 000 €
	Cofinancement[46]demandé au MAEDI : 536 263, 875 €

D. Et la contribution du Citoyen *lambda* ?

Dans une telle position en tant que chargé d'appui à la coopération, les occasions (formelles ou informelles) pour faire de nombreuses rencontres ne manquent pas. Objectif ; échanger avec les acteurs, partenaires et les populations locales sur la conduite des actions de la coopération décentralisée, les atouts et contraintes des territoires partenaires de l'Isère… ou simplement partager des visions de l'avenir avec des citoyens *lambda*. Il est impossible pour tout agent de développement de réussir une telle mission sans aller à la rencontre

[46] Ce programme a bénéficié d'un cofinancement du MAEDI de 477 545, 625 € (25 %). Pour cette nouvelle plateforme, un nouvel opérateur est mobilisé sur le développement culturel à Kédougou, l'association Culture et Développement (www.culture-developpement.asso.fr).

des populations qui vivent sur les territoires d'accueil des projets. Il est indispensable de les écouter, d'essayer de comprendre leurs préoccupations et perceptions. Une telle démarche ouvre à tout agent de développement ce que les acteurs et bénéficiaires des projets ont de plus profond à savoir leurs *us* et coutumes, donc à leurs cultures. Cet élément en action tous les jours, sans que l'on y prête souvent attention conditionne tant de visions et de comportements dans la gestion d'un projet de développement. Avoir accès à de tels patrimoines permet de comprendre des subtilités, de disposer d'éléments pour nouer des « alliances » et ainsi trouver dans les sociétés d'accueil des ressorts culturels et institutionnels pour réaliser ses objectifs de mission. J'ai vraiment au cours de cette mission au Sénégal rencontré des personnes généreuses, ouvertes et par la même occasion, vécu la Téranga sénégalaise. Ce cadre de vie contribue sans nul doute à apaiser les esprits et à créer les conditions pour aller vers les objectifs professionnels.

J'ai ainsi pu durant cinq ans partager des expériences, des visons du monde avec des jeunes et adultes, des personnes de toutes catégories socioprofessionnelles, des retraités, ou encore en quête d'emploi. Ce partage est essentiel pour la construction individuelle et aide à comprendre les sociétés dans lesquelles, on est appelés à vivre et s'épanouir. Le Développement est finalement une affaire humaine et sociale. Dans les périples au Sénégal, j'ai pu aussi rencontrer des Guinéens, y établis depuis des générations. Je lisais dans leur parcours la trajectoire de leur pays d'origine (la Guinée) et de leur pays d'accueil (le Sénégal), et surtout cette interrogation perpétuelle sur la situation actuelle de la Guinée, en comparaison au Sénégal, bien évidemment. Ils ne comprennent surtout pas, pourquoi la Guinée avec tant de potentialités « *les2/3 des réserves mondiales de bauxites pour environ 25 milliards de m3, des réserves importantes de fer pour environ 4 milliards, des ressources importantes en or, diamant, uranium,... d'importantes surfaces cultivables, de l'eau en abondance avec un potentiel de 2700 m3/an/habitant ; plus de 300 km de côtes* »[47] connaît encore autant de difficultés politiques et socioéconomiques. J'ai souvent été interpellé sur de telles

[47]Banque africaine de Développement, Document de Stratégie-Pays (2012-2016), Département régional Ouest 2 (ORWB), décembre 2011. Avec un indice de développement de 0, 411 ; la Guinée est classée 182/188 par le Rapport du PNUD en 2015.

interrogations en tant que Guinéen, économiste ou encore représentant d'une collectivité locale française en coopération au Sénégal. L'intérêt n'était nullement d'apporter des réponses toutes faites, mais de mieux comprendre les perceptions de ces compatriotes établis dans ce pays voisin de la Guinée. On en ressort toujours enrichi. Chargé d'appui à la coopération, volontaire de solidarité internationale, agent de développement ou encore économiste et Guinéen, voilà autant d'identités gérées durant cette mission. Cette multitude de casquettes a ouvert des opportunités d'échanges et de partage d'expériences avec un public divers et varié.

Au quotidien, je passais beaucoup de temps avec différents interlocuteurs bien au-delà des « heures de bureau ». Que de choses apprises avec ces échanges sur les réalités politiques, institutionnelles et socioculturelles des régions de Tambacounda et de Kédougou, et au-delà, du Sénégal tout entier. C'est aussi cela la coopération décentralisée avec cette possibilité d'ajouter la qualité des relations humaines à la rigueur du travail organisationnel. Pour un agent de développement, la compréhension des contextes où les projets se déroulent peut faire économiser beaucoup de ressources au jour le jour. Le développement n'est pas seulement qu'une question de techniques ou de financements, c'est surtout des réalités humaines et sociales parfois très complexes qu'il faut essayer de comprendre. Par essence, toute société humaine demeure une « énigme » pour autrui. Chercher à comprendre cette complexité aide à trouver des ressorts d'action dans le cadre d'une telle mission. Par exemple : établir ce contact, faciliter les échanges inter acteurs ouvre à tout agent/acteur de développement, l'accès à l'information que les cadres formels et/ou institutionnels seuls ne peuvent satisfaire. Finalement, « *il n'est donc pas possible d'envisager une dynamique de développement sans en faire une démarche culturelle, où les composantes de la culture (ou les cultures) constituent à la fois une ressource et un terreau nécessaires à la germination de nouvelles initiatives* »[48]. Ainsi, tout processus de développement, quel que soit l'échelon territorial concerné serait avant tout, une histoire culturelle. En réalité et sans qu'on ne rende probablement compte, au fil du temps et au quotidien,

[48]GONTCHAROFF Georges (2009), « Les ingrédients du développement local, le Beaufortin » *in* « Dix territoires, d'hier et d'aujourd'hui pour mieux comprendre le développement local », *Revue Territoires*, p. 45.

on voit comment est-ce que la culture au sens générique agit voire conditionne la mise en œuvre des projets de développement. La lecture du temps, la mise à l'épreuve des rapports sociaux, de la place de l'homme dans son milieu, du fonctionnement au quotidien des institutions publiques, du déroulé de différentes rencontres ou encore de la place dédiée aux individus dans différentes assemblées… Ce sont autant d'éléments qui peuvent varier d'un espace culturel à un autre et qui influencent la conduite des projets de développement. Ces réalités de tous les jours sont vécues par tout acteur de développement et cette expérience au Sénégal ne fut pas une exception tant le Sénégal oriental reste avant tout l'expression d'un mélange culturel qui se manifeste presque à chaque coin de rue[49].

Encadré 5 : De l'importance de la culture dans le développement à Kédougou

On a coutume de dire que la région de Kédougou recèle deux richesses : les mines et les cultures de ses populations. Faire de la culture, un levier de développement local, le département de l'Isère s'y est engagé depuis 1999 avec tout un travail de diagnostic, d'organisation, de formation et de mise en œuvre d'actions concrètes pour la préservation du patrimoine culturel des minorités ethniques (Dialonké, Bassari, Bedik et Coniagui) de ce sud-est du Sénégal. Ces efforts portés notamment par les associations Tétraktys, cultures ailleurs et plus récemment (2014) Culture et Développement ont permis de comprendre les enjeux liés à cette préservation, d'organiser des festivals, de promouvoir les échanges culturels, de construire des sites pour entretenir la mémoire... Et avec l'appui de l'État et de partenaires internationaux, une partie de la région de Kédougou est devenue Patrimoine mondial de l'UNESCO depuis 2012 à travers le label Pays Bassari. Cela traduit à la fois la fragilité de cet espace, mais aussi l'opportunité pour ses populations de s'inscrire dans un processus de développement responsable. Atteindre cet objectif passe par le développement d'un tourisme culturel responsable, la promotion de toutes les expressions culturelles ou encore la structuration de politiques publiques culturelles à l'échelle locale.

[49]http://www.destination-senegaloriental.com/rep-visiter_senegal.html

CHAPITRE 3 :
LES LIMITES DANS L'ACTION DE LA COOPÉRATION DÉCENTRALISÉE

En cinq ans de travail sur le terrain, les difficultés concrètes dans la mise en œuvre des projets n'ont pas manqué du fait des caractéristiques propres de cette forme de déploiement de l'action, mais aussi du contexte local et national. À l'image de toute politique publique, la volonté et l'engagement des principaux acteurs (collectivités locales, opérateurs) ne peuvent suffire pour aller au bout des initiatives tant le contexte local, les stratégies des acteurs y intervenant peuvent influer sur la mise en œuvre d'une politique publique telle la coopération décentralisée.

A. DES PROJETS LOURDS À L'ÉCHELLE D'UNE COOPÉRATION DÉCENTRALISÉE

En 2009, à l'élaboration de la plateforme de coopération décentralisée (2010-2012), le département de l'Isère, les régions de Tambacounda et de Kédougou se sont engagés sur des projets dont la mise en œuvre implique la mobilisation d'autres acteurs, en dehors souvent de l'espace régional. Les collectivités locales comptaient sur une dynamique d'entraînement pour trouver les ressources complémentaires (essentiellement financières) auprès d'autres acteurs pour réaliser certains projets.

a- La construction des barrages associés à la RNC du Boundou

Que de discussions, de missions de recherche de financement ou encore de déplacements sur le terrain pour trouver les ressources pour réaliser les ouvrages hydrauliques de Koussan, Bélidjimbara et Talibadji[50]. Le département de l'Isère, la région de Tambacounda et les populations locales en avaient fait une des priorités de la coopération décentralisée tant l'accès à l'eau dans cette partie du Sénégal relève parfois de l'exploit. Pour des raisons financières[51], ces

---

50 Ces ouvrages ont de réels effets d'entraînement potentiels, avoir accès à l'eau donne la capacité (avec le maraîchage par exemple) de développer des activités génératrices de revenus et de constituer des aires de convergence de la richesse biologique de la réserve.

51 Selon le rapport de la mission « eau » dans la RNC du Boundou de juin 2010, conduite le service eau département de l'Isère, la réhabilitation du barrage de

ouvrages n'ont pu voir le jour entre 2009 et 2014. Et, ce, malgré la mobilisation technique[52] du département de l'Isère, de l'ARD de Tambacounda, ou encore le montage de différents dossiers de demandes de subventions. Des partenariats techniques et financiers avaient été imaginés avec des cabinets d'études, des programmes de l'État… mais force est de constater que le financement des infrastructures reste un nœud gordien pour les coopérations décentralisées qui reposent sur une participation des acteurs locaux dans l'exécution des projets. Cet exemple montre aussi les difficultés à trouver des passerelles d'action notamment sur les questions financières entre acteurs de développement local tant les logiques et les réalités dans la conduite de leurs projets peuvent différer. D'aucuns ont des projets tout financés avec des exigences de décaissements alors que d'autres à l'image de la coopération décentralisée, sont en perpétuelle recherche de financement.

À ces questions de financements, s'ajoutent aussi pour les coopérations décentralisées des questions juridiques pour les collectivités locales quant à la prise en charge des infrastructures qui coûtent cher alors que les financements des coopérations décentralisées sont souvent destinées à des activités « soft » du développement (dynamique d'acteurs, équipements, formation, d'échange d'expériences…). D'où la nécessité d'aller obligatoirement vers des cofinancements, pas toujours faciles à trouver en France encore moins au Sénégal pour des infrastructures. Cet exemple montre que la démarche de la coopération décentralisée est parfois mal comprise dans la sphère du développement au Sénégal avec les difficultés de mobilisation d'autres acteurs sur les projets. En 2017, ces trois ouvrages sont réalisés avec le financement du Programme d'Appui à la Petite Irrigation Locale (PAPIL). Au regard de leurs effets d'entraînement, leur réalisation constitue un pas important dans la mise en œuvre des projets de développement local associés à la RNC du Boundou. Comme quoi, le développement est aussi une question de patience et de travail acharné.

Koussan est estimée à 34 000 euros HT, celui de Bélidjimbara à 43 000 euros HT. Pour Talibadji, des études complémentaires étaient nécessaires pour identifier un site adapté aux besoins et procéder à l'évaluation financière des travaux.

52 Pour les études techniques préalables, le service eau du département de l'Isère a été mobilisé pour une mission à Tambacounda et sur les sites des ouvrages du 15 au 25 mars 2010.

On peut juste retenir que le financement des infrastructures n'est jamais aisé pour une plateforme de coopération décentralisée tant à cause de leurs coûts, que pour des questions juridiques et institutionnelles. Pourtant, ces infrastructures sont souvent nécessaires à la création et au maintien d'une dynamique de développement et répondent à un besoin réel des zones d'intervention, à savoir leur sous-équipement dans des secteurs vitaux (éducation, santé, hydraulique).

b- L'élaboration des Programmes régionaux de Développement Intégré (PRDI)

Accompagner les nouvelles régions de Tambacounda et de Kédougou pour élaborer leur document de planification du développement était un des objectifs de la plateforme de coopération 2010-2012. Objectif : contribuer à doter chaque région partenaire d'un outil indispensable à sa projection dans le champ du développement. Au Sénégal, avec la création des régions en tant que collectivités locales en 1996, l'élaboration du PRDI est devenue une obligation. Et le département de l'Isère a souhaité accompagner celles de Tambacounda et de Kédougou dans ce processus d'élaboration de ce document qui doit servir de référence à tout acteur du développement à cette échelle pour des besoins de cohérence et de respect des priorités locales. Et pourtant, deux raisons majeures ont fait échouer cette action. La première raison est liée à la démarche même de la coopération décentralisée avec un département de l'Isère qui était disposé conformément à ses engagements à mettre à contribution une expertise technique avec la mobilisation de différents services internes pour accompagner toute la réflexion et favoriser des échanges dans l'élaboration d'outils à la planification locale. D'ailleurs, la Direction de l'Aménagement du Territoire en Isère fut sollicitée pour amorcer ce travail avec un retour technique sur le PRDI de l'ancienne région de Tambacounda. Au Sénégal, les deux régions étaient à la recherche de financements pour le processus de l'élaboration de ce document de planification. Il faut dire que les collectivités locales font souvent recours à des financements externes assurés par des projets/programmes de développement ou encore des entreprises privées tant les ressources propres font défaut pour faire face à de tels processus. La deuxième raison est l'évolution de la législation en matière de décentralisation à partir de 2012. Il est évident que les débats politiques autour de l'acte 3 de la décentralisation qui avait affiché dès le début la suppression de la région en tant que collectivité locale n'ont certainement pas arrangé les choses.

Concrètement, comment travailler à avoir un PRDI avec la disparition annoncée du Maître d'Ouvrage dans le paysage politique de la décentralisation au Sénégal ? De façon très pratique, les acteurs se heurtaient à une impossibilité. D'une manière générale, la décentralisation a connu plusieurs réformes institutionnelles dont certaines ont eu un impact considérable sur la conduite des actions de différentes coopérations décentralisées. L'action du département de l'Isère au Sénégal a beaucoup évolué avec la modification du paysage institutionnel du Sénégal. La partition de la région de Tambacounda en 2008 a conduit le département à s'engager dans deux conventions de coopération distinctes, une avec la nouvelle région de Tambacounda et une autre avec la région de Kédougou. Cette loi a aussi modifié le périmètre des collectivités locales de la RNC du Boundou avec le redécoupage territorial[53].Avec la loi de 2013 supprimant les régions en tant que collectivité locale et en érigeant le département en collectivité locale, le département de l'Isère devra s'adapter, en faisant évoluer encore son schéma institutionnel. Dans la pratique, de telles situations ne sont jamais simples à intégrer, car les changements de structures induisent des coûts d'adaptation pour les partenaires internes et externes des collectivités locales sénégalaises en coopération. Ces changements peuvent créer des incertitudes dans la conduite de l'action publique (cohérence, temporalité, échelle d'action…) et parfois rompre des dynamiques en cours (partenariats de coopération, processus de renforcement de capacités internes, animation de multiples cadres de concertation…). Par exemple, toutes les régions créées en 2008 (et la région de Kédougou en fait partie) n'auront existé que cinq ans.

Toujours est-il que cette question des réformes institutionnelles dans les processus de décentralisation indépendamment de la suppression et/ou de la création de nouvelles collectivités locales pose des questions de fond. Comment mesure-t-on l'efficacité de tels processus ? Quels sont les éléments déterminants pour leur

[53] Avant la loi 2008-2014 du 18 mars 2008, la RNC du Boundou s'étendait sur trois communautés rurales (Sinthiou Fissa, Dougué et Sadatou). Cette loi a modifié le périmètre institutionnel de la RNC du Boundou avec la création de la communauté rurale de Koussan.

effectivité ? Il faudra encore sans nul doute beaucoup de temps pour évaluer l'impact des différentes lois sur le processus de décentralisation au Sénégal. Mais les constantes demeurent dans ces processus à savoir les ressources mises à la disposition des collectivités locales pour assumer leurs responsabilités. De ces ressources (humaines, techniques, financières) dépendront leur autonomie et leurs capacités à agir sur le développement à l'échelle locale.

Tableau 9 : Principales réformes institutionnelles de la décentralisation au Sénégal

Acte juridique	Contenu
Loi n° 66-64 du 30 juin 1966	Code de l'administration communale
Loi 72-02 du 1er février 1972	Organisation de l'administration territoriale
Loi 72-25 du 25 avril 1972	Création des communautés rurales
Loi n° 90-35 du 8 octobre 1990	Modification du Code de l'administration communale
Loi n° 90-37 du 8 octobre 1990	Passage de la gestion des communautés rurales des sous-préfets aux présidents élus
Loi 96-06 du 22 Mars 1996	La région est érigée en collectivité locale
Décret n° 98-399 du 5 mai 1998	Création, organisation et fonctionnement de l'Agence régionale de Développement

Loi 2008-14 du 18 mars 2008	Création de nouvelles régions comme Kédougou avec la partition de la région Tambacounda, création de communautés rurales (exemple Koussan dans le département de Goudiry)
Loi n° 2013-10 du 28 décembre 2013	Communalisation intégrale, suppression de la région collectivité locale, érection du département en collectivité locale, création de pôles régionaux de développement

Finalement pour des raisons techniques, financières et politiques, le département de l'Isère n'a pu accompagner les régions de Tambacounda et de Kédougou à élaborer leur PRDI. Or tout processus de prise en charge des besoins réels des populations, donc le processus de développement doit s'inscrire dans le temps et l'espace, donc être planifié. Cette planification priorise les besoins, identifie les acteurs, renseigne sur les ressources en termes de disponibilité et de manque, informe les acteurs et les partenaires potentiels sur ce qui est envisagé à une échelle territoriale donnée. La connaissance et le partage de ces éléments par les acteurs de développement peuvent légitimer et faciliter leurs interventions. Ces documents de planification constituent de ce fait de précieuses sources d'information pour tout acteur de développement, dans son action.

À travers ces deux exemples, en tant qu'agent de développement, sur le terrain, en contact direct avec les porteurs des projets et les bénéficiaires ciblés, on peut ressentir un sentiment de frustration après tant d'efforts personnels et professionnels. Ce sont des moments qu'il faut savoir gérer en tant que professionnel en ayant toujours à l'esprit que le plus important reste cette contribution à une dynamique globale dans laquelle des initiatives aboutiront, source d'espoir et de satisfaction.

B. Des difficultés de créer des dynamiques multiacteurs autour des projets

Travailler dans le développement local est toujours une occasion de vivre *in situ*, les difficultés de mise en œuvre des projets sur des espaces donnés. Le local est loin d'être synonyme de facilité et/ou de simplicité en matière de conduite de projets. La coopération Isère-Tambacounda-Kédougou n'a pas échappé à cette réalité ; avec des difficultés à bâtir de solides partenariats avec des acteurs locaux pour mutualiser des ressources, pour créer des passerelles de collaboration. Comme indiqué, la démarche de la coopération décentralisée repose essentiellement sur la mobilisation des acteurs locaux, chose qui n'est pas souvent aisée tant les logiques et les contraintes propres peuvent peser. Ces contraintes sont techniques, financières et institutionnelles. Cette volonté de mobilisation des acteurs locaux a été par exemple expérimentée dans la conduite des actions de la RNC du Boundou, raison de la tenue de la rencontre du 02 juin 2009 pour présenter ce projet ambitieux aux acteurs locaux (services techniques, projets/programmes de développement, ONG...). Ce projet, considéré comme innovant par la majorité des acteurs locaux et au regard de son impact, aurait dû mobiliser plus de partenaires techniques et financiers. Ce ne fut pas le cas, pas faute d'avoir expliqué le projet à Tambacounda, à Dakar, à la recherche de partenariats pour mettre en œuvre les actions de préservation et de développement local.

Le CORENA et le département de l'Isère espéraient plus et ont misé sur un effet d'entraînement de ce projet global de protection de l'environnement et de développement local. Mais soulignons une fois de plus qu'il ne suffit pas à un projet d'être cohérent et innovant pour mobiliser d'autres acteurs pour sa réalisation. Du travail permanent de lobbying, d'information et de communication est nécessaire, et bâtir des partenariats solides prend du temps, ce dont les acteurs impliqués dans la gestion des projets ne disposent pas forcément. Cette volonté de mutualiser des ressources a aussi été tentée avec le programme de développement touristique du Sénégal oriental porté par Tétraktys qui a souhaité travailler avec l'Institut de Coopération pour le Développement (structure qui agissait aussi au niveau local). Les échanges furent longs et fastidieux ! De cette expérience, il en ressort que faire travailler des acteurs même dans un même secteur n'est pas chose aisée et qu'avoir des partenaires pour accompagner des actions de développement ne va pas de soi. Les porteurs de projets doivent avoir en l'idée que la synergie d'action est toujours souhaitée pour mutualiser des ressources, mais elle est à susciter, créer et entretenir. Cela démontre le cloisonnement des interventions, le manque de passerelles, l'emprisonnement parfois des acteurs dans leurs propres logiques d'intervention alors que le développement local gagnerait à davantage de coopération. Notons toutefois que dans la mise en œuvre des activités de développement associées à la RNC du Boundou, l'intervention du Programme de préservation des ressources environnementales (Wula Nafa) de l'USAID a été déterminante pour mettre en route le projet apicole. Avec le temps, en 2012, le CORENA a pu aussi conclure un programme d'actions sur l'éducation au développement durable avec le Groupe de Recherche et de Réalisation pour le Développement rural (GRDR)[54]. Ces deux partenariats ont permis de renforcer la dynamique de travail, mobiliser des ressources techniques et financières additionnelles pour aller vers la réalisation de projets concrets au bénéfice des populations locales.

C. Sous couvert de la volonté d'aider, un vrai « marché » du développement

Au Sénégal, le champ de la coopération décentralisée est beaucoup plus large qu'en France, car elle prend en compte toute relation d'une collectivité locale avec un tiers (ONG, entreprise, collectivité locale). Cela ouvre bien évidemment plus de possibilités de collaboration dont la finalité reste l'amélioration des conditions de vie des populations. Problème très souvent, les efforts des uns et des autres sont loin d'être coordonnés, harmonisés au mépris dans bien de cas, des dispositions légales et des pratiques recommandées en matière de développement. Dans ce jeu, les collectivités locales positionnées en « demandeuses » sont très souvent dépourvues de capacités réelles de contrôle et de suivi des différentes interventions à l'échelle de leur territoire. Du fait de leurs faiblesses en ressources techniques et financières propres, il n'est pas rare de voir une collectivité locale assister à la réalisation d'actions sur son territoire sans une réelle emprise, ou encore de

[54] Ce projet est intitulé « Développement économique durable et Écocitoyenneté (DEDE) dans la RNC du Boundou », doté d'un budget prévisionnel de 62 500 euros, en partenariat avec le Comité français pour la Solidarité internationale et la Fondation de France, et mis en œuvre dans le cadre du programme Promotion de l'Agriculture familiale en Afrique de l'Ouest.

portage institutionnel. C'est dire que la fonction de maîtrise d'ouvrage locale reste à bien des égards sans traduction concrète sur le terrain. Cela pose un vrai problème dans la mise en œuvre des processus de décentralisation. En tant que chargé d'appui de cette coopération décentralisée, nombre de fois j'ai rencontré des acteurs/individus sénégalais, français et d'ailleurs, venant d'horizons différents avec des ambitions affichées d'aider les populations locales.

Problème : ils ne connaissent ni les contextes, les acteurs, les cadres institutionnels, encore moins les contenus des documents de planification locale.

Dans de telles situations, chaque acteur « pousse » son projet et parfois les collectivités locales se retrouvent « piégées ». Dans ce jeu souvent trouble qui n'est certainement pas propre au Sénégal, ni à la coopération décentralisée, on se rend bien compte que des acteurs locaux et/ou internationaux « profitent » des défaillances institutionnelles des collectivités locales pour aller au bout de leurs initiatives dans leur seule logique. Ainsi, dans le champ du développement, se positionnent des acteurs/individus qui défendent leurs propres intérêts, et les questions de légitimité, de procédures, ou encore de cohérence sont parfois reléguées en arrière-plan. Et pourtant, faire du développement, ce n'est pas simplement une question d'objectifs quantitatifs, de financements, c'est aussi et surtout une question de méthode de travail et d'organisation. Si l'on regarde les nombreux panneaux signalétiques affichant logos de différentes structures nationales et étrangères, les régions de Tambacounda et de Kédougou abritent plusieurs projets/programmes de développement. Cela contraste bien souvent avec les réalités de terrain où les difficultés au quotidien des populations en matière d'accès aux services de base par exemple sont légion.

C'est dire une fois de plus que le niveau de développement ne saurait être résumé à la quantité des projets en cours, mais bien plus, à la qualité de la démarche mise en œuvre, par la mobilisation effective des acteurs concernés et par la synergie d'action des intervenants. Voilà pourquoi, les processus de développement, quelle que soit l'échelle territoriale, requièrent de la cohérence et une harmonisation qui dépassent forcément les intérêts immédiats des acteurs en présence. En tenir compte est un gage de maximisation des résultats des projets ainsi que de leur impact sur la vie des populations. Des efforts sont certes en cours au Sénégal avec l'organisation des conférences d'harmonisation sous l'égide des Gouvernances au niveau régional pour avoir notamment une cartographie réelle des acteurs et de leurs interventions. Cela ne peut être cependant qu'un début tant les défis à relever dans ce sens, sont importants. Les avantages d'une démarche concertée et cohérente à l'échelle locale sont multiples. Elle :

- crée un meilleur cadre de collaboration entre les acteurs au quotidien,
- favorise les échanges de savoirs, savoir-faire et expériences entre les acteurs,
- permet aux acteurs de profiter au mieux des externalités positives créées par la mise en œuvre de différents projets sur un même espace géographique,
- facilite le suivi et l'évaluation d'impact des actions mises en œuvre,
- améliore la démarche propre de chaque acteur par « l'effet miroir »,
- renforce la confiance au processus de développement local,
- encourage la mobilisation des citoyens dans un objectif de développement.

Jeune professionnel du monde du développement, cette situation de non-coopération, pour moi, interroge et peut susciter débats. Ces cinq années de travail de terrain ont été occasions de se confronter aux logiques d'intervention des différents acteurs à l'échelle locale avec des réalités parfois ubuesques où des actions se chevauchent et/ou des démarches se confrontent. Il ressort ce besoin d'explication des fondements et de la démarche de la coopération décentralisée, de comprendre les réalités techniques et financières des acteurs locaux (services déconcentrés, projets/programmes de développement, ONG...). Ces éléments permettent généralement de dépasser les limites d'intervention de chaque acteur pour aller vers des compromis voire des partenariats de collaboration. Il est évident que des logiques de concurrence souvent observées sur des espaces donnés entre acteurs ne peuvent être que nuisibles au processus de développement. L'amélioration des conditions de vie des populations est le résultat d'une coopération matérialisée par le partage d'informations et d'expériences que seule la détermination des acteurs à travailler ensemble peut garantir. Cela n'empêche nullement la manifestation d'intérêts catégoriels que la dynamique d'acteurs devrait intégrer et dépasser en même temps, au nom de l'intérêt général. Voilà pourquoi aussi, le renforcement des capacités institutionnelles des collectivités locales au Sénégal et dans tous les processus de décentralisation est fondamental pour leur permettre de porter et/ou accompagner des initiatives à la base.

Tableau 10 : Retour sur la mise en œuvre de la décentralisation au Sénégal

Forces	Une stabilité politique à l'échelle nationale Existence d'un cadre juridique et institutionnel très avancé Existence d'instruments d'appui à la Maîtrise d'ouvrage locale Une ouverture à l'international des collectivités locales La mobilisation de la société civile autour du développement local
Faiblesses	Manque de ressources au sein des collectivités locales Manque de suivi et de coordination des actions de développement Manque d'harmonisation des interventions des acteurs extérieurs
Opportunités	Une compréhension des enjeux du développement local L'existence de ressources humaines qualifiées en la matière Une certaine mobilisation de l'État autour du local

Menaces	L'instabilité institutionnelle avec les réformes toujours en cours. La forte « politisation » du processus de décentralisation La multiplicité des structures/dispositifs d'appui au développement local Le manque d'anticipation des collectivités locales voire l'attentisme.

Pour terminer, et comme il a été rappelé, s'engager dans une politique de coopération décentralisée en France reste une option pour les collectivités locales. Décider d'y aller engage tout d'abord la collectivité locale à mobiliser ses propres ressources (humaines, financières) pour faire face à différents engagements. Il est vrai que les collectivités locales au Sud font face à plusieurs difficultés au quotidien, mais la survie des plateformes de coopération décentralisée au Sénégal ou ailleurs dépend aussi des contraintes propres des collectivités locales du Nord. Pour les collectivités locales en France, il n'est jamais évident d'assurer une continuité dans une dynamique de coopération décentralisée tant les réformes institutionnelles, les changements de majorité politique ou encore des contraintes financières pèsent sur leurs initiatives. Comme pour toute politique publique, la volonté politique doit être claire et les moyens de mise en œuvre planifiés et libérés au moment venu. Pour cela, les batailles politiques ne manqueront pas. C'est la raison pour laquelle, la mobilisation des acteurs ne devrait faillir dans la mise en œuvre de la politique publique. Rien n'est vraiment gagné d'avance. Peut-être que les résultats obtenus de part et d'autre sur le terrain et dans les territoires partenaires ne suffiront pas pour maintenir voire amplifier une politique de coopération décentralisée. Mais, une fois de plus, sans ces résultats avec un vrai impact sur l'amélioration des conditions de vie des populations (au sud), continuer restera vraiment problématique.

CONCLUSION DE LA TROISIÈME PARTIE :

La coopération décentralisée pour vivre au quotidien nécessite fondamentalement les rencontres entre territoires et populations en relation. Cela permet de conduire ensemble des projets aux bénéfices mutuels, d'échanger et de partager des expériences pour mieux se connaître et imaginer ensemble des solutions à différentes problématiques de développement. Ce temps passé au Sénégal au contact des populations, des opérateurs a été l'occasion de vivre au plus près des réalités dans la gestion d'un programme de coopération décentralisée. Les déplacements dans les régions de Tambacounda et de Kédougou et dans le département de l'Isère des opérateurs, des élus et techniciens sont des moments importants dans la vie et l'animation d'une plateforme de coopération décentralisée. Ils permettent d'aller au bout des projets en faisant de la réciprocité et de l'implication de tous les acteurs des réalités au quotidien.

Cependant, comme vu, le chemin de réussite d'une plateforme de coopération décentralisée n'est jamais simple. À l'image de toute politique publique, les obstacles ne manquent pas, tant l'échelle locale fait objet aussi d'enjeux, de manifestations d'intérêts personnels et/ou de groupes rendant très difficiles parfois la création et l'entretien de dynamiques locales. Et pourtant, à travers cet exemple, une plateforme de coopération décentralisée a constamment besoin de ressources humaines, techniques et financières pour faire face aux engagements pris. Il appartient donc aux acteurs concernés (collectivités locales, opérateurs, services techniques déconcentrés, structures d'appui…) de faire preuve de disponibilité, d'ouverture, d'innovation pour trouver les espaces nécessaires à cette collaboration multi-acteurs capable de générer ces ressources au profit de l'action collective. C'est de cette façon seulement que les bénéfices attendus de la coopération décentralisée peuvent être atteints et optimisés au service du développement des territoires et populations en relation.

PARTIE IV : QUELLES CONTRIBUTIONS DE LA COOPÉRATION DÉCENTRALISÉE AU DÉVELOPPEMENT DES PAYS ?

Quels sont les avantages liés à la coopération décentralisée ? Comment cette forme de coopération à l'échelle infranationale peut-elle aider à créer des dynamiques de développement à l'échelle locale ? Cette partie essaye de répondre à ces interrogations. Le premier chapitre passe en revue les raisons pour lesquelles, il est souhaitable pour une collectivité locale de s'inscrire dans une dynamique de coopération décentralisée, et finalement, pour le pays au Sud engagé dans un processus de décentralisation, de promouvoir ce type de partenariat intercollectivités locales. Quelques leçons tirées de cette expérience en matière de gestion de projets de cinq ans en tant que chargé d'appui à la coopération Isère-Tambacounda-Kédougou sont présentées dans le deuxième chapitre tandis que le troisième et dernier chapitre porte un regard sur le dispositif de volontariat de solidarité internationale, largement utilisé par les collectivités locales françaises dans l'animation de leurs coopérations décentralisées au Sud.

CHAPITRE 1 : INTÉRÊTS DE LA DÉMARCHE DE COOPÉRATION DÉCENTRALISÉE

Pourquoi promouvoir la coopération décentralisée ? En tant que mode de déploiement de l'action publique, elle reste un instrument d'appui à la maîtrise d'ouvrage locale. Elle vise avant tout à renforcer les capacités d'action des collectivités locales au Sud dans l'exercice de leurs responsabilités en matière de promotion du développement. La coopération décentralisée permet aussi de faire vivre la décentralisation au quotidien avec des avantages indéniables tels, la proximité de l'action publique, la prise en compte de l'interdépendance des échelons territoriaux avec des possibilités pour les acteurs d'innover en matière de gestion de projets.

A. LA PROMOTION DU DÉVELOPPEMENT PAR « LE BAS »

Depuis la publication du rapport Brundtland[55], la communauté internationale à travers l'Organisation des Nations Unies (ONU) s'engage par période sur des agendas de développement[56] avec pour finalité, permettre à chacun et tous de vivre dignement grâce à l'amélioration des conditions de vie des populations. Ces engagements permettent de mobiliser le Système des Nations Unies et l'ensemble de ses partenaires publics et privés dans la prise en charge des problématiques de développement à l'échelle internationale. Ces agendas traduisent l'idée que les problèmes de développement sont interdépendants et nécessitent une coopération des acteurs pour y faire face. En termes d'action, la question de la pertinence de l'échelle est toujours posée pour plus d'efficacité de l'action publique. C'est tout

[55]Il est le nom communément donné à une publication, officiellement intitulée *Notre avenir à tous* rédigée en 1987 par la Commission mondiale sur l'environnement et le développement de l'Organisation des Nations Unies, présidée par la Norvégienne Gro Harlem Brundtland. Utilisé comme base au Sommet de la Terre de 1992, ce rapport utilise pour la première fois l'expression *« sustainable development »*, traduit en français par « développement durable ».

[56]Les Objectifs du Millénaire pour le Développement (OMD) ont été adoptés en 2000 par l'Organisation des Nations Unies. Au nombre de huit, ils ont servi de cadre de commun d'action et de coopération pour le développement. En 2015, les pays ont adopté un nouveau programme de développement durable, articulé autour de 17 objectifs de développement durable, ainsi qu'un accord mondial sur le changement climatique.

l'intérêt de la prise en compte de l'échelon local dans la mise en œuvre concrète de ces engagements internationaux. En effet, quels que soient les engagements pris par les États, les politiques de développement seront mises en œuvre sur un espace donné. Ce niveau est toujours local.

Et c'est là toute la nécessité des processus de décentralisation qui visent à conférer à des entités infranationales des capacités juridiques, techniques et financières pour agir au quotidien dans la prise en charge de certaines préoccupations de développement à l'échelle locale. Des exemples concrets illustrent ce besoin de l'échelon local pour faire face aux problèmes actuels auxquels l'humanité est confrontée. L'objectif est aujourd'hui, dans la conduite des politiques publiques, que les centres de décision soient les plus proches possibles des réalités du terrain pour que les actions prévues puissent se faire avec les acteurs locaux. C'est l'essence même de tout processus de décentralisation. La coopération décentralisée en tant que forme de déploiement de l'action publique à l'échelle locale dans le cadre d'un partenariat inter collectivités contribue à diffuser cette idée que le développement ne peut se faire véritablement qu'en prenant en compte au mieux cet échelon local et ses composantes. Elle favorise de ce fait cette prise de conscience à travers des exemples concrets de projets que des solutions au Sud, à l'échelon local, peuvent être portés par des acteurs locaux (collectivités locales, opérateurs) en relation avec des partenaires extérieurs, comme les collectivités locales de pays développés. Cette approche partenariale au sein de l'espace local dans un esprit d'ouverture contribue à promouvoir une démarche de développement en partant des réalités locales. On parle aujourd'hui de plans climat territoriaux pour faire face à un problème global, et l'engagement de l'Isère dans la RNC du Boundou répond à cet objectif par exemple. C'est le sens même du penser global et agir local dont l'une des illustrations par exemple en France est la conduite d'agendas 21 locaux[57].

[57]En 1992, lors de la deuxième conférence internationale sur l'environnement tenue à Rio de Janeiro (Brésil), la communauté internationale a adopté un plan d'action pour le XXIe siècle en faveur du développement durable (Agenda 21) et reconnaît en son article 28, le rôle et la place des collectivités locales et des territoires dans l'atteinte des objectifs. C'est ainsi qu'à chaque niveau de collectivité, revient la responsabilité d'élaborer, pour son territoire, et de mettre en œuvre, un programme d'action répondant aux principes de cet Agenda 21.

Ce besoin de cohérence entre intervenants en matière de politique publique appelle à la prise en compte des différents échelons territoriaux. L'intérêt reste qu'à chaque fois, l'action publique soit conduite là où son impact est estimé le plus élevé, en relation avec les acteurs concernés. Et la coopération décentralisée peut répondre à ce type de démarche en conduisant des politiques de développement fondées sur le principe de subsidiarité[58]. Le développement est aussi une question essentiellement politique : ce qui se passe au niveau local porté notamment par les collectivités en relation avec de multiples acteurs publics et privés (Associations/ONG, organisations professionnelles, entreprises, fondations…), est relayée au niveau international. De plus en plus, les collectivités locales agissent à l'international en mettant en avant des solutions pratiques, innovantes pour faire face à des problématiques de développement. Les collectivités locales agissent par le biais de structures et/ou de réseaux pour influencer la prise de décision politique à l'échelle internationale et/ou sensibiliser les décideurs tant au niveau national qu'international sur différentes problématiques qu'elles vivent sur leur territoire. Par exemple, de plus en plus de collectivités locales de pays développés sont engagées dans le combat contre le réchauffement climatique, pour l'accès à l'eau, pour la promotion de l'éducation et la santé… en mettant en place des systèmes de financement et/ou d'accompagnement technique de différents partenaires, notamment associatifs, dans la conduite de leurs projets essentiellement dans les pays en développement. Ce déploiement à l'international des collectivités locales ira sans nul doute *crescendo*, et le concept de diplomatie locale encore en gestation trouve ici tout son sens. En réalité, tout ce déploiement vise essentiellement à montrer que le niveau local ne saurait être ignoré dans la définition des politiques globales. Ce niveau permet à l'action politique de retrouver du sens, de la légitimité et favorise la mobilisation des acteurs à cette échelle-là

[58]Il consiste en matière de gestion publique, à déléguer uniquement à l'échelon supérieur que ce que l'échelon inférieur ne pourrait effectuer que de manière moins efficace. En matière de décentralisation, le principe de subsidiarité conduit l'État à déléguer certains de ses pouvoirs aux collectivités locales lorsqu'il considère qu'elles sont mieux à même de les assumer, compte tenu de leur proximité aux citoyens. Par contre, le Principe de Suppléance donne la possibilité à l'échelon supérieur d'intervenir, dans les limites du principe de subsidiarité, lorsque la responsabilité excède les capacités de l'échelon inférieur.

pour contribuer à l'atteinte des objectifs nationaux et/ou internationaux.

B. La proximité de l'action publique aux « réalités locales »

La coopération décentralisée est aussi qualifiée de coopération à taille humaine traduisant la proximité qu'ont les acteurs dans la conduite des projets. Cela se traduit non seulement par le partage des préoccupations de développement entre territoires partenaires, par l'opérationnalisation de cadres d'échanges et la répartition des efforts nécessaires à la mise en œuvre des différents projets. La coopération décentralisée, telle que vécue avec la plateforme Isère-Tambacounda-Kédougou est conçue de telle manière que les projets soient conduits au plus près de l'expression des besoins en relation avec les acteurs locaux. Cette approche de travail facilite le contact, les échanges interacteurs pour que l'information locale soit au mieux prise en compte et intégrée dans le processus de promotion du développement à la base. Cette proximité permet de mieux identifier les actions à mener, de redimensionner les objectifs/ambitions à la fois du côté de l'Isère, de Tambacounda et de Kédougou pour aller vers des initiatives capables de répondre à des besoins donnés et des actions à la portée des acteurs locaux[59]. Cette proximité de l'action publique se mesure par le nombre d'acteurs impliqués, la démarche de travail mise en place facilitant la mobilisation des uns et des autres, la conformité avec le contenu des documents de planification…

Avec cet exemple du département de l'Isère au Sénégal, l'essentiel dans la coopération décentralisée n'est pas seulement de réaliser différents projets, mais de le faire avec les acteurs et partenaires locaux. Cela prend plus de temps et d'énergie, mais garantit la qualité de la démarche et son appropriation à l'échelle locale. Durant les cinq années passées dans cette plateforme de coopération décentralisée, la démarche a toujours été de faire en sorte que chaque opérateur isérois, tambacoundois et kédovins ainsi que l'ensemble des partenaires techniques locaux puissent trouver « leur » place dans le dispositif de conduite des actions. C'est le sens aussi de toutes les missions de

---

[59] Elle traduit cette capacité des acteurs locaux à pouvoir s'insérer dans des dynamiques mises en place dans la conduite d'un projet de développement. Cette possibilité dépend bien évidemment des objectifs du projet, des capacités techniques des acteurs, de l'organisation et des relations qu'ils entretiennent entre eux.

terrain dans les territoires partenaires. L'objectif a toujours été d'aller au contact des réalités du terrain, de travailler en étroite collaboration avec les opérateurs et les bénéficiaires des projets. Très concrètement, pour chaque projet, le diagnostic est fait par les opérateurs en présence des futurs bénéficiaires, avec l'appui des services techniques déconcentrés de l'État et les ARD. Le contenu des projets, la démarche mise en œuvre et le système de suivi-évaluation sont largement partagés par les partenaires isérois, tambacoundois et/ou kédovins. Il est important de souligner aussi que tous les projets sont en conformité avec les planifications locales (PRDI, PLD) au Sénégal.

Tableau 11 : Principales actions réalisées entre 2009 et 2014

Domaine	**Actions**	**région**
Santé	Construction et équipement du CREN	Tambacounda
	Construction, équipement d'une unité de production artisanale de farines enrichies	
	Renforcement des capacités des personnels soignants (échanges d'expériences, opérationnalisation d'outils techniques de gestion, session de formation…)	
	Réhabilitation et équipement du poste de Santé de Toumboura	
	Échanges et appui financier aux activités du GIE Koba Club (aménagement de l'unité de production de farine enrichie)	Kédougou

Éducation	Mise en œuvre de plusieurs partenariats interécoles (correspondances scolaires, échanges d'expériences entre enseignants) Réalisation et diffusion d'outils d'éducation environnementale et à la citoyenneté internationale (DVD sur les migrations et sur la RNC du Boundou, le carnet de Lella, la Lettre du Boundou) Échanges d'expériences entre autorités éducatives de Grenoble et Tambacounda, Dons de fournitures et matériels scolaires	Tambacounda
	Formation et renforcement des capacités des personnels enseignants (CRFPE, CFPESF)	Tambacounda Kédougou

Environnement	Création et structuration de la RNC du Boundou (études techniques et scientifiques, organisation et fonctionnement, élaboration des documents de planification et d'outils de communication) Mise en œuvre des plans préservation, de développement local et d'éducation environnementale (logiques de projets, recherche de financement, démarche de mobilisation des acteurs, suivi-évaluation) Développement d'activités génératrices de revenus dans la RNC du Boundou (apiculture, aviculture)	Tambacounda
	Échanges et appui technique et financier à la Réserve naturelle communautaire de Dindéfélo	Kédougou
Tourisme	Élaboration du schéma de développement touristique de la région du Sénégal oriental, Aménagement et équipement d'un point d'information Appui à la structuration et au renforcement des capacités des associations AME et TADECK (organisation, fonctionnement, gestion de projets)	Tambacounda Kédougou

	Équipement et appui à la gestion du restaurant de la Tour à Bakel, Formation et renforcement des capacités des personnels des réceptifs hôteliers Appui à l'élaboration de différents outils promotionnels Création et animation du portail www.destination-senegaloriental.com	
Jeunesse	Appui à l'organisation des sessions de formation pour les moniteurs de collectivités éducatives, Équipement et renforcement des capacités des personnels des CDEPS,	Tambacounda Kédougou
	Installation et mise en service d'un studio moderne d'enregistrement	Tambacounda
Formation professionnelle	Réhabilitation, équipement des filières des Centres de Formation professionnelle en Économie sociale et Familiale (coiffure, restauration, couture) Formation et Renforcement des capacités des personnels enseignants (missions en Isère, organisation de sessions de renforcement de capacités du corps enseignant)	Tambacounda Kédougou

	Réalisation des études techniques pour les barrages de la RNC du Boundou, pour l'adduction d'eau dans des établissements scolaires à Kédougou (Lycée Maciré BA, Collège Commune I)	Tambacounda Kédougou
Hydraulique	Appui technique et financier pour la réalisation d'ouvrages hydrauliques (forage de Talibadji) Appui technique à la réalisation d'ouvrages hydrauliques dans la commune de Sinthiou Mamadou Boubou	Tambacounda
Action sociale	Réhabilitation et équipement de la case foyer (espace de rencontres et d'échanges des femmes autour de différents sujets)	Tambacounda
	Organisation de sessions de formation sur l'accueil et l'écoute des victimes de violences, Mobilisation sociale autour des violences faites aux femmes et aux filles	Tambacounda Kédougou
	Appui technique et financier à la création du Comité régional de Lutte contre les Violences faites aux Femmes et Filles Réalisation des études techniques pour la réhabilitation de la case foyer	Kédougou

Renforcement des capacités des collectivités locales	Appui technique et financier à la structuration de la RNC du Boundou, Animation d'un dispositif coopération à la région	Tambacounda
	Appui à la création et à l'animation de la commission coopération décentralisée	Kédougou
	Appui technique à l'organisation et au fonctionnement des régions (échanges, conseils, travail technique et administratif) Organisations de missions en Isère d'élus et techniciens Opérationnalisation d'une démarche de mobilisation des acteurs des territoires, Animation des cadres locaux de concertation, Collecte, traitement et diffusion de l'information autour des régions, de ses atouts et contraintes, et lobbying pour le développement régional	Tambacounda Kédougou

Renforcement des capacités de la société civile	Appui à la création et la structuration de GIE (Bané, *Limbam Boundou, Bamtaarè Sissè ni kamo*, village de Dindéfélo) Appui aux opérateurs en gestion de projets Échanges d'expériences entre opérateurs	Tambacounda Kédougou
Culture	Equipment et formation du personnel du Centre Multimédia Communautaire Échanges d'expériences entre opérateurs culturels isérois et sénégalais Organisation du festival des minorités ethniques en 2011, Réalisation de performances artistiques (collaboration artistes isérois et sénégalais) Appui à l'édition d'un journal papier par le Centre Multimédia Communautaire.	Kédougou

Disons que la coopération décentralisée offre une possibilité d'action supplémentaire aux collectivités locales pour une prise en charge des besoins des populations. Sur les territoires où ces besoins sont importants, réaliser autant de projets, dans de multiples domaines par l'action des régions de Tambacounda et de Kédougou, renforce la légitimité de ces collectivités locales, crée un nouveau rapport de collaboration avec les autres acteurs locaux et améliore leurs capacités à agir au quotidien. Sur le terrain, plusieurs personnes rencontrées étaient parfois même étonnées que tous ces projets soient des résultats de cette coopération entre le département de l'Isère et les régions de Tambacounda et de Kédougou tant ces collectivités locales au Sénégal manquaient de ressources réelles (financières et techniques) pour faire face aux besoins de développement. En 2013, par exemple, au plus fort des débats sur la nouvelle loi de la décentralisation, la coopération décentralisée au Sénégal au niveau des régions (par la démarche mise en œuvre, les projets conduits sur différents territoires, l'ouverture qu'elle assure) a été utilisée comme argument pour un maintien des régions en tant que collectivités locales. C'est dire que cette forme de coopération à l'échelle infranationale contribue à sa façon au renforcement du processus de décentralisation au Sénégal. Finalement, cette action du département de l'Isère dans deux régions au Sénégal, malgré toutes les difficultés de conduite de l'action publique à cette échelle, montre que la prise en charge des préoccupations des citoyens est bien possible.

Au moment où les régions au Sénégal, en tant que collectivités locales, étaient vraiment considérées, comme des entités « hors-sol », car dépourvues d'espace physique et de capacités réelles d'action au regard notamment des ressources humaines et financières disponibles ; réaliser ces projets au niveau local ne pouvait que renforcer leur légitimité et contribuer à changer le regard du citoyen voire d'autres acteurs sur leur utilité.

C. La disponibilité d'espaces d'innovation et d'expérimentation

Dans la coopération décentralisée, les acteurs se côtoient, apprennent à se connaître et travaillent au quotidien ensemble. Cette façon de faire favorise les transferts de savoirs et savoir-faire permettant à chacun de renforcer ses propres capacités et d'améliorer ainsi, de *facto*, ses capacités à contribuer à l'atteinte des objectifs partagés. Dans ce jeu, la possibilité pour les acteurs de faire autre chose, voire autrement est réexaminée en permanence pourvu que l'imagination, l'anticipation et la disponibilité soient au rendez-vous. À ce poste de chargé d'appui à la coopération, à de multiples reprises, on peut observer dans une démarche parfois déconcertante que les échanges entre acteurs et/ou partenaires sont porteurs d'innovation en matière d'ingénierie de projets. Et c'est peut-être là que réside l'une des clés de leur capacité à trouver des solutions sur des questions *a priori* complexes. Cette façon de travailler fait souvent naître un climat de confiance favorisant l'expression des acteurs et la promotion d'une culture du faire ensemble. Dans cette forme de collaboration, avec une approche horizontale privilégiée, chacun peut se sentir concerné. Avec le rapport de l'évaluation de 2007/2008, l'amélioration de la démarche de mise en œuvre des projets a été identifiée comme un élément sur lequel les collectivités locales et les opérateurs devraient agir. Car, de la qualité de cette démarche dépend largement la mobilisation des acteurs et l'atteinte des objectifs escomptés. Pour cela, plusieurs innovations ont été introduites, des acquis consolidés allant dans le sens du respect de la philosophie d'action et des engagements pris, notamment au niveau institutionnel. Parmi ces évolutions, on peut noter :

- L'introduction des protocoles techniques de travail entre opérateurs (isérois, tambacoundois et kédovins) a facilité la stabilisation des relations de collaboration dans la conduite des projets et ouvert plus de possibilités aux collectivités locales en coopération pour le suivi ;
- La prise en charge des hébergements des opérateurs isérois en mission à Tambacounda et/ou Kédougou par les régions partenaires a conduit à une plus grande mobilisation financière de ces collectivités locales et à trouver une solution à leurs difficultés au quotidien (disponibilité des ressources, processus de décaissements…) pour honorer les engagements financiers ;
- L'élaboration régulière des fiches de suivi des missions, des rapports techniques et différents comptes rendus a documenté la conduite des projets et facilité la prise de décision pour les collectivités locales et les opérateurs ;
- La mise à l'épreuve d'une démarche de travail « mobilisatrice » a créé un cadre d'implication des acteurs et partenaires locaux dans la mise en œuvre des actions de la plateforme de coopération décentralisée ;
- La tenue régulière de différents rendez-vous pour échanger avec les partenaires de la coopération décentralisée (ARD, ambassade de France au Sénégal…) a facilité leurs retours sur la qualité des actions mises en œuvre ;
- La création et l'animation de la commission coopération décentralisée à la région de Kédougou, la désignation d'un référent technique et l'animation d'un espace « coopération » à la région de

Tambacounda ont largement contribué à l'implication de ces deux régions dans le portage de la plateforme de coopération.

Ces différents éléments montrent qu'il est possible d'innover dans la conduite des politiques publiques. Oui, le mot innovation est important dans ce domaine aussi, il ne relève pas uniquement des théories de marketing commercial. Le développement passe aussi par l'amélioration des processus et des institutions, et cela nécessite forcément l'introduction du nouveau dans la façon d'imaginer, de concevoir, mettre en œuvre et évaluer les politiques publiques. Il s'agit finalement de s'inscrire dans une démarche qualité avec cet objectif de toujours de trouver la meilleure combinaison de ressources pour un résultat donné. Aujourd'hui, avec l'apparition des notions d'Ingénierie territoriale définie comme « l'*ensemble des concepts, outils et dispositifs mis à la disposition des acteurs du territoire pour accompagner la conception, la réalisation et l'évaluation de leurs projets de territoire* »[60], les acteurs locaux (avec leur imagination et disponibilité) retrouvent toute leur place dans la conduite des projets de développement. Cette notion renvoie à leurs capacités sur un espace donné à créer ensemble les conditions d'une meilleure collaboration pour aller vers des objectifs partagés. Ce n'est jamais évident tant les logiques, les intérêts et les perspectives des uns et des autres peuvent différer, mais c'est aussi tout l'intérêt de ce processus collaboratif qui doit prendre en charge des intérêts catégoriels tout en préservant l'intérêt général.

De cette mission de volontariat de solidarité internationale au Sénégal, il ressort que le développement à l'échelle des territoires nécessite une forte disponibilité des acteurs pour travailler ensemble, partager les problèmes et essayer de trouver des solutions. Cette disponibilité suppose une capacité d'écoute, une volonté de partager l'information et une ouverture d'esprit. De telles conditions leur permettent de se réapproprier les processus dc prise en charge de leurs besoins réels par les politiques publiques. Le local par ce processus collaboratif devient pour ainsi dire un vrai laboratoire dans la conduite de l'action publique avec ce retour d'expérience assurée à une échelle

[60]JANIN Claude et *alii,* (2012), « Notion de compétence, clé de l'ingénierie territoriale », symposium sur les Chemins du Développement territorial, Clermont-Ferrand, 19-21 juin 2012, p.1.

donnée qui permet de prendre du recul pour essayer d'améliorer sans cesse la façon d'imaginer et de faire les choses.

C'est finalement tout l'intérêt de la démarche de la coopération décentralisée fondée sur la nécessité de considérer le local comme échelle pertinente de conduite des politiques publiques, sur cette proximité qu'entretiennent les acteurs dans leurs relations au quotidien et sur cette capacité qu'ils auraient grâce à la mise à l'épreuve de processus collaboratifs (échanges d'informations, de savoirs et savoir-faire) pour faire face à leurs besoins de développement.

CHAPITRE 2 :
RETOUR D'EXPÉRIENCE DE
LA GESTION DE QUELQUES PROJETS

Après cinq ans au cœur du dispositif d'animation de la plateforme de coopération à Tambacounda et Kédougou, il est possible de tirer quelques enseignements pour mieux comprendre cette démarche de coopération et améliorer son efficacité. Ce chapitre revient sur un certain nombre de projets avec un objectif : dégager quelques lignes directrices pour l'action.

A. UN EXEMPLE DE PROJET PILOTE : LA RNC DU BOUNDOU

Ce projet est de loin le plus important de l'engagement du département de l'Isère au Sénégal à travers cette expériencc, unique d'une réserve naturelle communautaire inscrite dans une coopération décentralisée. De par ses objectifs, par les acteurs impliqués et par la démarche mise en place, ce projet est spécifique. Sur 120 000 ha, à cheval entre les départements de Goudiry et de Bakel, la RNC du Boundou est située aujourd'hui sur un espace partagé par quatre communes. On cherche à y préserver l'environnement tout en menant des projets de développement local. Rien n'était vraiment gagné en 2009 à sa création, avec un programme ambitieux de préservation de l'écosystème, de valorisation des ressources locales, sans oublier toute la structuration de l'action publique locale à l'échelle de ce territoire. Au fil du temps, il a fallu construire toute l'organisation et le fonctionnement de la réserve avec la création du Conservatoire (CORENA), mettre en œuvre une démarche de mobilisation des services techniques déconcentrés et l'ARD de Tambacounda, partir à la recherche de partenaires financiers à tous les niveaux (local, national, international). Les acteurs avaient vraiment à faire à une expérience d'école. De ce caractère découlait la nécessité pour le département de l'Isère, la région de Tambacounda, les communes, l'Inspection régionale des eaux et forêts et l'Agence régionale de Développement de Tambacounda de créer et faire vivre des espaces d'échanges multiacteurs à Tambacounda et en Isère pour conduire plusieurs actions en matière de préservation et de développement local. On était au cœur d'un enjeu global avec un territoire qui a vu au fil des années son environnement se dégrader du fait de catastrophes naturelles (sécheresses des années 1970) et de comportements humains (déforestation, pratiques agricoles néfastes). De 2009 à 2014, ce projet a mobilisé divers acteurs publics et privés au Sénégal et en France pour s'investir à la fois dans la préservation de cet écosystème fragile mais aussi améliorer la vie de plus de 6 000 habitants.

Tableau 12 : Les principaux acteurs dans le projet de la RNC du Boundou

Catégorie	Acteurs
Collectivités locales	région de Tambacounda[61], département de l'Isère, communes (Koussan, Dougué, Toumboura, Sinthiou Fissa).
Partenaires techniques	Inspection régionale des eaux et forêts, Inspections d'académie, Parc National Niokolo Badiar, ARD de Tambacounda, PNR Millevaches ; département de l'Isère (services environnement, coopération, eau) GRDR, Union Internationale pour la Conservation de la Nature (UICN)…
Opérateurs isérois et tambacoundois/autres	Actroterre, Tétraktys, syndicat apicole dauphinois, Aide Médicale et Développement, association Borée, GIE *Limbam Boundou*, GIE *Bamtaarè Sissè ni kamo*, ONG Tostan

[61]Avec la disparition de la région en tant que collectivité locale par la loi de 2013, les départements de Goudiry et Bakel, désormais collectivités locales, devraient être intégrées dans l'organisation et le fonctionnement de la Réserve naturelle communautaire du Boundou.

Partenaires financiers	Fonds français pour l'Environnement mondial, département de l'Isère, fondation nature et découverte, Comité français pour la Solidarité internationale, programme Wula Nafa (USAID), Programme d'Appui à la Petite Irrigation locale (PAPIL)
Structures de recherche et de formation	Centre de suivi écologique de Dakar, Institut Supérieur de l'environnement (université Cheik Anta Diop), Universités de Grenoble (Pierre Mendès, Joseph Fourier)

Travailler avec autant d'acteurs n'est jamais simple au jour le jour. Pour y arriver, avec le CORENA, des efforts importants ont été menés pour expliquer le projet et son intérêt pour le Boundou, la région de Tambacounda et au-delà, le Sénégal. Ces temps d'échanges ont mis en évidence le besoin de s'inscrire dans la durée pour travailler sur les projets environnementaux, de trouver des coalitions d'acteurs pour le lobbying et d'obtenir des financements pour la réalisation des actions sur le terrain. Ces éléments sont essentiels pour rendre crédible l'action engagée. Cette crédibilité est aussi apportée sur ces questions environnementales par l'expertise scientifique que ce projet a favorisée par la conduite de plusieurs études par des spécialistes. Des chercheurs y sont reçus pour étudier la faune, la flore et des étudiants y effectuent leurs stages (niveau Master). De par leur travail scientifique, ils contribuent tous à faire connaître le Boundou (histoire, populations, ressources, problématiques de développement…) et mettent à la disposition des acteurs du projet (CORENA, département de l'Isère, ARD, opérateurs) et des partenaires, de l'information fort utile pour la prise de décision. Ce projet est à l'image de toute la coopération décentralisée, a été aussi pour moi une formidable aventure humaine. Il rassemble des personnes engagées aux parcours divers qui mettent à contribution leurs expériences et expertises au service de la pensée et de l'action. Ce projet a suscité depuis sa création en 2009, un réel intérêt, et parfois même de l'enthousiasme, de la part des acteurs et des Boundounkhés (les habitants du Boundou). Il est vaste et mobilise beaucoup d'énergie au quotidien.

Aujourd'hui en 2017, l'enjeu est sans nul doute de maintenir cette dynamique de travail, de faciliter la mobilisation et l'investissement des acteurs et partenaires pour mettre en œuvre les plans de préservation et développement local (actualisés par période). Durant cette mission, j'ai pu parcourir ce territoire riche de par son histoire, ses cultures et populations, avec un handicap majeur, la dégradation poussée de son environnement rendant les conditions de vie des populations encore plus difficiles. Mais c'est pour cela aussi que le département de l'Isère est présent dans ce territoire lointain du Sénégal oriental à côté des collectivités locales pour apporter sa solidarité, aider à créer une dynamique de développement local en partant d'un projet de préservation de l'environnement. Les objectifs étaient élevés en 2009, le contexte pas des plus faciles avec les faiblesses des capacités institutionnelles des collectivités locales et les besoins importants en matière de développement, mais les projets réalisés (apiculture, éducation à l'environnement, ouvrages hydrauliques, structuration de la Réserve, préservation, aviculture…) sont autant d'actions qui ont posé les bases pour avancer dans ce projet ambitieux de préservation et de développement local. Dans cette aventure, j'ai pu compter sur la chargée d'appui au CORENA[62] et le représentant de l'ARD de Tambacounda à Bakel. À travers eux, on voit ce que l'engagement, la détermination, la passion et le professionnalisme apportent vraiment dans la conduite d'une action de développement.

Protéger l'environnement exige de s'inscrire dans le temps. Cela peut coûter cher en ressources financières et nécessiter des efforts constants des acteurs pour maintenir une dynamique de travail et réaliser des actions concrètes à cet effet. Le département de l'Isère a toujours été le principal soutien financier au fonctionnement du Conservatoire (dépenses courantes, mobilisation des volontaires) et met à contribution aussi ses opérateurs (Tétraktys, Acroterre, Syndicat Apicole Dauphinois, AMD…). Comment assurer un financement pérenne à de telles initiatives ? Telle reste la question cruciale. Par ailleurs, on peut noter une évolution dans la prise de conscience autour de la protection de l'environnement depuis le sommet de Rio en 1992,

[62] Lien internet : http://1ruche3pintades.over-blog.com/

mais l'accord de Paris sur les changements climatiques de 2015 montre clairement que les questions de financement sont au cœur des préoccupations environnementales.

B. Des leçons apprises de la gestion de différents projets

Cette plateforme de coopération comportait plusieurs types de projets et dans divers domaines. Comme indiqué antérieurement, ce n'est pas la même chose de gérer un projet d'infrastructures, de dynamique économique ou de renforcement de capacités. Chaque projet est ainsi spécifique par les objectifs poursuivis, les acteurs impliqués ou encore les spécificités des secteurs d'activités.

- **Un projet d'infrastructure : la construction d'un CREN à Tambacounda**

Contexte : L'accès des populations aux services de santé dans la région de Tambacounda pose énormément de difficultés par manque d'infrastructures, d'équipements et de personnels soignants. Cette situation fait que la malnutrition, une pathologie pourtant récurrente est peu prise en charge avec des conséquences multiples sur le développement de l'enfant.

Objectif : créer un centre dédié à la lutte contre la malnutrition pour les régions de Tambacounda et de Kédougou.

Opérateur isérois : Aide Médicale et Développement[63]

Opérateur tambacoundois : Région Médicale de Tambacounda

Partenaires techniques locaux : District de Santé de Tambacounda, ARD de Tambacounda, service régional de l'urbanisme de Tambacounda, entreprise locale de construction.

Partenaires financiers : département de l'Isère, Fondation AnBer, Fondation d'entreprise Bel

Actions menées : on peut en citer plusieurs :

- Construction et équipement d'infrastructures (bâtiment principal, toilettes, espace d'accueil…),
- Renforcement des capacités des personnels administratifs et soignants (échanges d'expériences, organisation de sessions de formation…),
- Mise en place d'un système de gestion (élaboration et implémentation d'outils techniques de suivi de l'activité du centre),

[63] Lien internet : http://amd-france.over-blog.org/

- Organisation de séances de démonstration culinaire avec les mamans (information, préparation de bouillies, sensibilisation),
- Organisation de sessions d'information, de sensibilisation et de dépistage à la malnutrition, entretien individuel et collectif, mobilisation sociale…),
- Développement du réseau institutionnel du Centre (information, communication, recherche de partenaires techniques et financiers…).

Difficultés rencontrées : Au cours de ce projet, pas de difficultés majeures constatées, car la mobilisation financière a été vraiment travaillée par Aide médicale et Développement. Le département de l'Isère y a aussi contribué sans oublier la mobilisation du District de Santé de Tambacounda (mise à disposition d'un terrain et de ressources humaines). Tous ces éléments ont aidé à faire aboutir ce projet important de la coopération décentralisée.

Résultats : il existe aujourd'hui à Tambacounda un CREN fonctionnel qui a entraîné la construction d'une Unité de Production artisanale (UPA) de farines enrichies, composante 2 du programme d'action de lutte contre la malnutrition dans les régions de Tambacounda et de Kédougou.

Leçons tirées : Les projets d'infrastructures peuvent coûter cher à l'échelle d'une coopération décentralisée. La construction et l'équipement du CREN ont coûté plus de 80 000 euros. Les projets d'infrastructures ont cet avantage dans ces territoires sous-équipés, de susciter facilement l'intérêt et l'adhésion des élus, techniciens et populations au niveau local. Dans bien des cas, boucler de tels financements n'est pas chose aisée, heureusement que des mécanismes de cofinancement existent à cet effet même si les dénicher exige parfois un travail de fourmi de la part notamment des opérateurs. Dans cette recherche de financements, l'engagement du département de l'Isère a été déterminant pour entraîner d'autres mobilisations financières : c'est l'effet dit « **levier** ».

Au-delà de la construction, un tel centre coûte cher à faire fonctionner (équipements, entretien, prestations de soins…). L'enjeu reste la pérennisation d'un tel dispositif sanitaire qui nécessite des ressources humaines, financières et techniques que la coopération, quelle que soit sa forme, ne pourrait assurer dans le temps. C'est tout l'intérêt de la mobilisation des partenaires locaux et nationaux, notamment de l'État, pour intégrer les coûts de fonctionnement de telles structures dans son portefeuille. Ces différents éléments sont importants et à prendre en compte dès la conception d'un tel projet d'où le nécessaire travail en amont avec les acteurs locaux. Dans ce cas précis, ce travail a été fait par la mobilisation de la Région Médicale et du District de Santé de Tambacounda qui ont mis à disposition un terrain, des ressources humaines, pris en charge une partie des coûts d'hospitalisation des enfants malnutris… cela est extrêmement important pour faire aboutir les projets issus de la coopération et pérenniser les acquis.

- **Un projet de renforcement des capacités de la région de Kédougou : la création et l'animation d'une commission coopération décentralisée**

Contexte : Kédougou a été érigée en région en 2008 et a donc hérité des actions de la coopération décentralisée réalisées sur cet ancien département de la région de Tambacounda. En 2009, le département de l'Isère signe une convention de coopération avec la nouvelle collectivité locale.

Objectif : créer un cadre d'accompagnement des actions de la coopération décentralisée au niveau de la région de Kédougou.

Partenaires techniques locaux : services techniques déconcentrés de l'État, l'ARD ;

Partenaires financiers : département de l'Isère (mobilisation du chargé d'appui à la coopération).

Actions menées :

- Appui technique à la création et à l'animation de la commission de coopération décentralisée,
- Co-élaboration de différents programmes et canevas de travail,
- Mise en place d'une démarche interne de mobilisation des élus et techniciens (réunions techniques, déplacement sur le terrain…)
- Organisation de différentes visites de travail en Isère (préparation, mise en œuvre…),
- Co-préparation et accompagnement des différentes missions de terrain des opérateurs isérois en mission à Kédougou,
- Organisation des différentes réunions de suivi et de coordination (comité de suivi, situation des projets…).

Difficultés rencontrées : le renforcement des capacités reste complexe surtout dans le contexte d'une nouvelle collectivité locale. Parmi les difficultés, on peut noter :

- La définition d'une approche de travail, les actions à mettre en œuvre (formation, apprentissage *in situ*…) et les cadres appropriés,

- Le ciblage des personnes concernées (élus, techniciens), leur compréhension du processus et leur mobilisation à cet effet,
- Le manque de disponibilité des élus et techniciens pour s'inscrire dans la conception de la coopération décentralisée plus habitués à des formats tels séminaires, ateliers, forum…
- L'instabilité institutionnelle qui rend difficile la mise en œuvre de tels processus, souvent longs, coûteux dont l'impact n'est pas toujours visible à première vue ;
- La prise en charge financière de telles opérations qui nécessitent souvent la mobilisation de compétences extérieures (bureaux d'études, cabinet de consultance…).

Résultats : Malgré ces difficultés, entre 2009 et 2014, la conduite des actions avec la région de Kédougou a bénéficié d'une forte implication de cette commission qui a fait le relais avec le conseil régional (information, mobilisation, accompagnement des opérateurs…). Elle a aussi facilité la mobilisation des autres partenaires locaux dans la région de Kédougou sans oublier l'organisation de différentes missions dans cette localité (opérateurs, chargé d'appui à la coopération…), mais aussi à Tambacounda, Dakar et en Isère.

Leçons tirées : La coopération décentralisée doit contribuer à améliorer les capacités des collectivités locales à agir donc à renforcer les processus de décentralisation. La question reste bien évidemment la compréhension de la démarche par les élus et techniciens des collectivités locales au Sud. Ce n'est pas évident tant ils sont souvent habitués à d'autres formats que cet apprentissage au quotidien. Il est vrai aussi que les élus et techniciens sont « conscients » de ce besoin de renforcer leurs capacités pour exercer effectivement leurs prérogatives. Mais définir une démarche à cet effet et prévoir des financements dans le budget de la collectivité locale restent toujours des points critiques. C'est l'une des raisons de la prise en charge de ce volet « renforcement des capacités » par d'autres dispositifs à l'échelle nationale (Programme national de Développement local par exemple) via l'organisation d'ateliers, de séminaires…

- **Un projet économique : Le développement de l'apiculture dans le Boundou**

Contexte : La RNC du Boundou est l'un des projets les plus importants de la coopération décentralisée entre le département de l'Isère et la région de Tambacounda. Préserver l'environnement suppose de trouver pour les populations locales des voies alternatives pour mieux exploiter et valoriser les ressources naturelles. Le projet apicole s'inscrit dans cette volonté de concilier exploitation de ressources naturelles et préservation de l'environnement.

Objectif : Structurer et développer une filière apicole dans le Boundou pour procurer des revenus d'activité sans abîmer l'environnement.

Opérateur Isérois : Syndicat Apicole Dauphinois (SAD)[64]

Opérateur Tambacoundois : GIE *Limbam Boundou*

Partenaires techniques locaux : ARD de Tambacounda, CORENA, formateurs[65]

Partenaires financiers : Programme Wula Nafa (USAID), Syndicat Apicole Dauphinois.

Actions menées :

- Réalisation d'un diagnostic sur l'exploitation du miel dans la RNC du Boundou (potentialités, exploitants, techniques utilisées, équipements, circuits de distribution…),
- Organisation des apiculteurs en GIE et appui technique au fonctionnement de la structure,
- Achat et mise à disposition d'équipement aux apiculteurs (ruches, combinaisons, petits matériels)
- Création et entretien de ruchers dans la RNC du Boundou,
- Organisation de plusieurs sessions de formation sur les techniques modernes de récolte du miel, la gestion d'un rucher, les normes et qualités, les circuits de vente.
- Appui au développement de la filière (élaboration d'un plan d'affaires, création et diffusion d'un label, recherche et opérationnalisation de partenariats commerciaux…).

Difficultés rencontrées :

- Le faible portage de l'action par le Groupement d'Intérêts économiques (GIE) nouvellement créé « *Limbam Boundou* »,
- Le financement pour démarrer l'opération sur le terrain (achat des ruches kenyanes, des combinaisons et autres équipements),

---

64Lien internet : http://syndicat-apicole-dauphinois.org/

65Ce projet a bénéficié de l'expertise locale avec la mobilisation de Bocar Sow, pastoraliste, ancien cadre du Programme de Gestion Durable et Participative des Énergies Traditionnelles et de substitution (PROGEDE) à Tambacounda.

- La pérennisation des acquis du projet avec la nécessité d'un appui constant en termes financiers pour renouveler les équipements et renforcer les capacités des apiculteurs.

Résultats :

- Plus d'une centaine de ruches kenyanes installées dans la RNC du Boundou,
- Plus d'une centaine d'apiculteurs répertoriés, formées à de nouvelles techniques modernes d'extraction du miel,
- La disparition progressive de l'usage du feu pour la récolte du miel,
- La structuration d'un marché local pour la vente du miel,
- Augmentation des revenus individuels des apiculteurs.

Leçons tirées : le projet apicole repose une fois de plus, le besoin d'un accompagnement durable des actions de la coopération décentralisée. La mobilisation financière pour payer des équipements, l'expertise pour renforcer les capacités techniques et organisationnelles du GIE *Limbam Boundou* seront essentielles pour consolider les acquis du projet. Ce travail de structuration du GIE prendra du temps avec l'appui du CORENA et du Syndicat Apicole Dauphinois voire avec d'autres partenaires financiers. Ce projet illustre finalement la nécessité de développer des solutions alternatives pour les populations locales à fin d'aller vers une protection de l'environnement, car elles y tirent l'essentiel de leurs ressources.

Finalement, que peut-on retenir de la conduite de ces projets ? De cette expérience de coopération décentralisée à travers la conduite de multiples projets, la leçon reste que pour atteindre les résultats escomptés, la coopération, quelles que soient la forme et l'échelle territoriale concernée, requiert la mobilisation pleine et entière des acteurs. Leurs investissements légitiment l'action, offrent des ressources supplémentaires, consolident les acquis, pérennisent les résultats. C'est tout l'intérêt de travailler bien en amont avec ces derniers pour faciliter le transfert de compétences dans la conduite des projets et la prise en charge (voire l'amplification) des résultats. Ce processus peut prendre du temps et mobiliser beaucoup d'énergie et de ressources, mais une fois de plus, la conduite de ces quelques projets montre à suffisance que la patiente et la persévérance, choses que les acteurs et les bénéficiaires n'ont pas souvent, sont essentielles dans le monde du développement. Il faut vraiment prendre du temps pour élaborer les projets avec les acteurs potentiels et bénéficiaires, construire des cadres organisationnels où chacun et tous peuvent se retrouver, aller à la recherche et bâtir des partenariats durables. Toutes ces étapes font que la démarche de la coopération (quelle que soit sa forme) appelle en matière de développement à privilégier une certaine qualité dans la façon de penser et de faire.

Le développement ne saurait être mesuré à la quantité de projets, comme cela fut rappelé, mais à leur qualité et à celle de la démarche de mise en œuvre avec cette capacité à faire évoluer les structures locales, à renforcer leurs possibilités de prendre en charge leurs besoins présents et futurs. Sans cette dimension transformationnelle, l'on ne saurait point parler d'un processus réussi de développement.

C. Des éléments à intégrer pour une efficacité de la coopération décentralisée

L'action de la coopération décentralisée pour répondre à ses objectifs d'appui à la maîtrise locale d'ouvrage dans les processus de décentralisation au Sud requiert un ensemble d'éléments dont la prise en compte est essentielle. Parmi, ces éléments, on peut en citer quatre :

a. La nécessité de la cohérence dans la conduite de l'action publique locale

Cette cohérence est à la fois temporelle et spatiale. Il s'agit pour les collectivités locales, en lien avec les opérateurs dans la définition de leurs interventions, de privilégier la complémentarité des actions. Il est évident que les besoins de développement sont énormes dans des régions comme Tambacounda et Kédougou (enclavement, faibles accès aux services sociaux de base, dégradation de l'environnement, sous-emploi des jeunes…). Néanmoins, il est important dans l'action de la coopération décentralisée pour les acteurs et les partenaires de ne pas faire émerger des attentes « illusoires » au niveau des populations. Il est impératif pour les collectivités locales de toujours expliquer la démarche de la coopération, les logiques d'intervention, les possibilités réelles qu'elle offre en matière de prise en charge des besoins des populations. À ce poste de chargé d'appui à la coopération, il a fallu souvent beaucoup de pédagogie pour expliquer que différentes sollicitations d'acteurs locaux ne pourraient être prises en charge dans la plateforme de coopération pour des raisons juridiques, techniques, financières. Cela peut faire des mécontents, mais ce sont des situations qu'il faut savoir gérer avec ce rôle parfois de démolisseur d'illusions, de rabat-joie qui ramènent aux réalités concrètes de la coopération décentralisée ; c'est-à-dire dans les limites juridiques, techniques et financières de cette forme de coopération inter collectivités locales.

Cette cohérence est à promouvoir à l'interne de la plateforme de coopération, mais aussi entre les actions de la coopération décentralisée et les autres interventions à l'échelle locale en matière de développement. La cohérence évite le gaspillage des ressources et peut faciliter la mise en œuvre de synergies d'action pour favoriser le meilleur investissement des acteurs et partenaires du développement local. Cette recherche de cohérence exige un travail approfondi sur les documents de planification à tous les échelons de la conduite de l'action publique, la synergie d'action avec les acteurs présents sur les territoires d'action (services techniques déconcentrés, projets et programmes de développement, ONG...). L'objectif reste avant tout d'avoir de la lisibilité (dans le temps et l'espace), la meilleure compréhension de ce qui est entrepris et la mobilisation effective des acteurs et partenaires de l'action publique. Adopter une telle démarche de travail, même nécessaire, n'est pourtant pas toujours simple tant cela peut prendre du temps et exige une technicité souvent très élevée sans oublier la mise à l'épreuve de logiques d'action propres à l'échelle de chaque intervenant sur le champ du développement. Et pourtant, cela est nécessaire afin de maximiser les investissements de chaque acteur au profit du groupe et du développement local (partage de bénéfices mutuels à travers des externalités positives que chaque action pourrait engendrer au profit du collectif).

b. Le besoin de transversalité dans l'analyse des problèmes à résoudre

La coopération décentralisée peut toucher tous les domaines de compétences des collectivités locales partenaires. Construire un programme d'actions revient à bien appréhender ces compétences, les orientations nationales, les acteurs impliqués et leurs stratégies. Il est utile d'avoir cette vue d'ensemble pour que chaque projet puisse au mieux intégrer des éléments facilitant son appropriation locale et faciliter la mobilisation d'autres acteurs pour sa mise en œuvre. Agir ainsi permet de prendre en compte l'amont et l'aval des actions projetées, d'imaginer les synergies d'actions, d'identifier les goulots d'étranglement possibles. Avant par exemple, de réaliser une infrastructure, il faut voir les possibilités de l'équiper et la rendre fonctionnelle et penser déjà à ses futurs coûts de fonctionnement et de maintenance. Cette approche globale a toujours été utilisée dans la définition des projets de cette plateforme de coopération avec l'élaboration de diagnostics, la mise en place de démarches participatives... processus bénéficiant de l'appui des acteurs locaux. Des projets globaux sont imaginés avec différents volets (infrastructures, équipements, renforcements des capacités, communication, partenariats) dans tous les secteurs d'intervention.

À titre d'illustration, dans le développement touristique du Sénégal oriental, cette approche globale a été privilégiée avec :

- L'élaboration d'un diagnostic en novembre 2009,
- L'élaboration de plans d'actions opérationnelles avec des projets identifiés et validés par les collectivités locales en 2009,
- La mise en œuvre d'actions d'infrastructures et d'équipement (réhabilitation et aménagement d'espaces : point d'information touristique à Tambacounda, campement villageois à Dindéfélo, campement de la Tour à Bakel...)
- La mise en œuvre d'actions de renforcement des capacités (formation des guides et des personnels de cuisine à Kédougou, appui à la gestion du campement de la Tour à Bakel, appui à l'organisation et à la gestion de l'Association des Minorités ethniques à Kédougou...),
- Le déploiement d'une stratégie de communication (élaboration et diffusion de supports d'information, conception et animation d'un site internet, participation à différentes réunions de coordination et de rendez-vous promotionnels...).

Dans tous les domaines d'intervention, cette façon de faire a toujours été mise à l'épreuve. Les opérateurs isérois, en relation avec leurs homologues, et l'ensemble des partenaires techniques ont vraiment fait preuve de mobilisation et d'implication pour toujours essayer de répondre au mieux aux besoins des populations en termes d'analyse des contextes, de formulation de stratégies d'action, de mise à l'épreuve de mécanismes de suivi et de coordination. Ce travail technique (diagnostic, rapports, comptes rendus de réunion...) est indispensable au développement local et toute la documentation qui en est issue, est directement mise à la disposition des régions de Tambacounda et de Kédougou, des services techniques déconcentrés, des ARD, des opérateurs… C'est aussi de cette façon que la coopération décentralisée contribuera à créer les conditions d'un développement local dans ces territoires au Sud en mettant à la disposition des acteurs (locaux, nationaux et/ou internationaux) de l'information utile sur les ressources, les acteurs et leurs stratégies, les perspectives souhaitables pour remédier à différentes problématiques de développement. Une telle base de données disponible au niveau local pourrait faire économiser bien de ressources notamment financières à tout acteur souhaitant s'y investir tant l'expertise peut s'avérer onéreuse dans le monde du développement[66].

Dans un projet de développement, les acteurs, les ressources, les facteurs d'influence peuvent être divers et variés ; endogènes et exogènes. Et pourtant ; ils sont indispensables à connaître et au besoin, évaluer leur capacité à agir sur l'action souhaitée. Voilà pourquoi, il est important de prendre en compte cette complexité dans l'analyse des projets pour trouver les variables sur lesquelles il faut agir afin de changer positivement une situation donnée. Cette complexité peut-être d'ordre technique, institutionnel ou social. Il ne faut surtout pas en matière de développement local s'arrêter aux « apparences » voire aux solutions toutes faites.

c. L'impératif de la qualification professionnelle des acteurs locaux dans la mise en œuvre des actions

Le terme « renforcement des capacités » est très souvent utilisé dans le monde du développement. Il traduit cette nécessité pour les acteurs impliqués dans la gestion d'un projet d'acquérir au fil du temps des compétences pour mieux les gérer. Ce besoin est lié à la professionnalisation du champ du développement où de plus en plus de technicité est demandée aux acteurs pour remplir des dossiers, monter et mettre en œuvre des projets, gérer des relations

[66]Le recours souvent à différentes structures (bureaux d'études, cabinets-conseils…) par les collectivités locales ou les organisations de la société civile sont souvent très compliquées au regard des coûts potentiels. Cette expérience, je l'ai vécue dans mes périples à Dakar à la rencontre de structures de ce type autour des ouvrages hydrauliques du Boundou et, à chaque fois, la prise en charge de leur mobilisation se posait (coûts et modalités de financement).

partenariales, animer des démarches de travail… Les acteurs locaux au Nord comme au Sud (collectivités locales, ONG, groupements professionnels…) doivent désormais s'adapter en permanence aux exigences de partenaires institutionnels, techniques et financiers pour trouver des ressources afin de mener à bien leurs projets. D'où l'intérêt pour ces différentes structures et/ou institutions de disposer de ressources humaines qualifiées pour faire face à ces nouveaux besoins en matière d'ingénierie de projets. Ce n'est pas toujours gagné tant les coûts peuvent être importants pour mobiliser des compétences à cet effet. Dans cette évolution globale du champ du développement international, la coopération décentralisée a cet avantage de faciliter au quotidien les échanges de savoirs, savoir-faire et savoir-être ! Dans la plateforme Isère-Tambacounda-Kédougou, pour répondre à ce besoin de formation qui est crucial, la démarche de travail a toujours privilégié le contact direct entre opérateurs, la co-construction de projets, la création et l'animation de cadres de travail ou encore la mise à disposition d'outils de gestion de projets.

Par ailleurs, cette formation *« n'est pas seulement un supplément pour l'esprit ou le temps libre. Il s'agit d'atteindre (par cette formation) un niveau de qualité personnelle, de compétence technique, de productivité sociale »*[67]. De cette expérience de terrain de cinq ans, il ressort que les opérateurs tambacoundois et kédovins sont conscients du « décalage » technique entre eux et les opérateurs isérois (ces derniers ayant subi cette mutation, il y a quelques années) et expriment souvent ce besoin de renforcement des capacités. Cela a été ressenti aussi chez les élus et techniciens des régions de Tambacounda et de Kédougou. Ainsi, sur le terrain, on entend souvent dire de la part des acteurs locaux « **nous avons besoin d'être formés** »[68] (sous-entendu, pour mieux assumer nos responsabilités dans la gestion des projets de la plateforme de coopération).

---

[67]GONTCHAROFF Georges (2009), « Les ingrédients du développement local, le Beaufortin » *in* « Dix territoires, d'hier et d'aujourd'hui pour mieux comprendre le développement local », *Revue Territoires*, p.48.

[68]Cette phrase sous-entend dans ce cas précis, que les acteurs locaux ressentent le besoin de comprendre ce qu'est la coopération décentralisée, comment elle fonctionne, quels sont les rôles et les responsabilités des acteurs (y compris donc les leurs), comment les projets sont financés et gérés… Cette notion traduit finalement tout un ensemble d'interrogations que peuvent avoir les acteurs locaux sur leur propre participation à ce processus collectif devant conduire à la mise en œuvre des projets de cette plateforme de coopération décentralisée. Toujours est-il que le renforcement des capacités est essentiel dans tout processus de conduite de projet,

Ce constat, il est vrai peut être partagé, mais la difficulté reste dans la définition d'une démarche de travail à cet effet. Pour ma part, en tant que chargé d'appui à la coopération, j'ai toujours privilégié le contact direct avec les opérateurs pour pouvoir travailler avec eux au plus près de leurs préoccupations. Les échanges ont toujours été sans barrières, sans vraiment de formalisme, car il fallait trouver des canaux de transmission des plus simples pour expliquer la démarche globale de la coopération, mettre en pratique des outils de gestion de projets, analyser les résultats de terrain… Pour cela, le déplacement vers les opérateurs sur les lieux où les projets sont exécutés, est essentiel. Le contact avec leur cadre de vie et de travail facilite cette collaboration nécessaire au jour le jour, car il permet de se rendre compte au mieux des difficultés qu'ils traversent au quotidien dans la gestion de projets. Ces difficultés sont naturelles, matérielles, financières et organisationnelles.

Que les opérateurs et partenaires locaux de la coopération décentralisée à Tambacounda et Kédougou comprennent au mieux les logiques de déploiement de cette action publique ne peut qu'améliorer sa mise en œuvre. Dans ce processus de renforcement des capacités, outre la démarche à concevoir, l'objectif ne saurait être seulement de vouloir conduire les opérateurs du Nord et du Sud vers des standards en termes de capacités d'actions, mais de rapprocher des possibilités d'agir ensemble sur un même projet. Car, au-delà des documents techniques et des chiffres comptables indispensables à la conduite de projets, le développement, c'est aussi des engagements d'hommes et de femmes au profit du bien-être de tous. Cette dimension humaine devrait avoir toute sa place tant dans la réflexion que dans l'action pour asseoir des dynamiques territoriales de développement. Ce n'est sûrement pas parce que des acteurs locaux au Sud manqueraient de compétences techniques en ingénierie de projets qu'il n'est pas possible de travailler avec eux. Il appartient aussi à l'agent de développement de savoir valoriser ce que ces hommes et femmes évoluant à l'échelle locale ont de plus utile (compétences spécifiques, réseau relationnel, connaissances de leurs territoires, expériences personnelles…) dans la mise en œuvre des actions de développement.

---

car permettant aux acteurs d'améliorer leurs compétences propres, d'en acquérir de nouvelles… toute chose devant faciliter l'atteinte des objectifs poursuivis.

d. L'importance de l'animation dans la mise en œuvre des actions

Selon le dictionnaire Larousse, animer signifie donner du mouvement, du dynamisme à un lieu, groupe ou encore donner à quelque chose la vie ou l'apparence d'une vie. Dans le champ du développement à l'échelle des territoires, les acteurs s'accordent sur cette nécessité de créer et entretenir du mouvement dans les relations entre les acteurs pour permettre à chacun de jouer pleinement son rôle dans l'atteinte des objectifs poursuivis. Ainsi, sur un espace donné, l'animation traduit cette capacité à réunir acteurs politiques, institutionnels, économiques, sociaux, associatifs… et culturels autour d'un seul et même objectif global de plus ou moins long terme qui doit pouvoir être décliné en programme d'action répondant à la fois aux intérêts de chacun et de l'ensemble du groupe. Dans tout projet/programme de développement, animer crée les conditions de mobilisation et d'implication effective des acteurs dans la mise en œuvre des activités. Elle est ainsi pour dire essentielle à la conduite d'un projet de développement. Dans plusieurs partenariats de coopération décentralisée franco-sénégalais, cette fonction d'animation est assurée au Sénégal par une personne dédiée, mobilisée par la collectivité locale française. Ce schéma a prévalu dans la coopération entre le département de l'Isère et les régions de Tambacounda et de Kédougou de 2009 à 2014 (avec la création de ce poste de chargé d'appui) basé à Tambacounda.

Cette présence effective sur le terrain, en relation avec les opérateurs et partenaires a facilité le travail au quotidien avec l'organisation de différentes rencontres, les déplacements sur le terrain, le suivi et la coordination des activités. Ce sont là des activités quotidiennes exigeant très souvent des compétences techniques et managériales élevées. L'animation nécessite donc dans des plateformes de coopération dense, diverse impliquant de multiples acteurs (locaux, nationaux et internationaux), une présence effective et des ressources humaines de qualité. Des ressources humaines de qualité, il est important d'en avoir dans les plateformes de coopération décentralisée au Sénégal et ailleurs, mais plus globalement dans la conduite de toute politique publique. De cette expérience de développement local, on peut conclure que, quels que soient les objectifs affichés, les ressources financières mobilisées, sans ressources humaines compétentes et un dispositif d'animation (initialement défini et connue de tous les acteurs), il est illusoire de penser faire du développement à l'échelle locale. Ce n'est pas parce que c'est du niveau local que c'est beaucoup plus simple, au contraire. Car une fois de plus, on ne le répétera jamais assez, l'Homme constitue la ressource principale en matière de développement, et ce, quel que soit l'échelon territorial d'action.

Encadré 6 : Profil d'un animateur de développement territorial[69]

Le profil de l'animateur territorial ou le chargé de mission du développement territorial n'est pas facile à cerner, il faut qu'il (elle) ait entre autres : **de bonnes connaissances en économie** pour pouvoir approcher et analyser les divers secteurs d'activités du territoire, identifier des passerelles qui existent entre eux et appréhender les facteurs externes au territoire qui ont d'une part une incidence négative sur ces activités et, d'autre part, qui favorisent son intégration dans un espace plus vaste ; **de bonnes connaissances en matière institutionnelle** pour comprendre et favoriser les modes d'articulation entre les divers acteurs ou groupes agissant sur le territoire ou dont l'action a une incidence sur ce même territoire et pour accroître les capacités d'action/réaction du territoire en accord avec les fonctions de chacun ; **de bonnes connaissances en géographie** pour évaluer les impacts des actions possibles en terme d'évolution démographique, mais aussi d'effet sur l'environnement, sur l'urbain et sur le milieu en général, et comprendre/identifier les besoins induits de l'action, notamment en terme d'accessibilité aux services sociaux et culturels ; **de bonnes connaissances en sociologie** pour mieux répondre à ce dernier point, mais également pour arriver à comprendre le territoire par l'analyse du jeu des acteurs, ce qui passe aussi par une compréhension ou une caractérisation des systèmes de production ; enfin des **capacités pédagogiques et de communication** pour arriver à réunir autour d'un même objectif des groupes dont les intérêts sont différents.

[69]LAPEZE Jean (2007), « Animation du territoire et collectivités territoriales, fonctions et tâches » *in* LAPEZE Jean et *alii* « Éléments d'analyse sur le développement territorial : aspects théoriques et empiriques », L'*Harmattan*, pp. 108 -109.

CHAPITRE 3 : RÉFLEXIONS SUR LE STATUT DE VOLONTAIRE DE SOLIDARITÉ INTERNATIONALE

Le volontariat de solidarité internationale est un dispositif institutionnel en France qui permet à diverses structures (collectivités locales, ONG...) de mobiliser des compétences pour des missions à l'étranger. Dans le cadre de la coopération décentralisée, plusieurs collectivités locales l'utilisent pour mobiliser des compétences afin de les déployer dans leurs territoires partenaires au Sud. Ce dispositif a l'avantage d'être souple, ouvert et utilisable pour de multiples missions à l'étranger. Aujourd'hui, beaucoup de jeunes fraîchement diplômés en France dans divers cursus du développement international y font recours pour aller à la découverte du monde et souvent acquérir une première expérience professionnelle.

A. CADRE SOUPLE ET OUVRANT À DES PERSPECTIVES PROFESSIONNELLES

Ces missions s'inscrivent dans la cadre de la coopération au développement et de l'action humanitaire. Ce dispositif institutionnel a connu une évolution majeure en France avec la loi du 23 février 2005 relative au contrat de volontariat de solidarité internationale. En effet, cette loi a supprimé les clauses de l'âge et de la nationalité. Désormais, possibilité est donnée à toute personne et de toute nationalité de pouvoir bénéficier de ce cadre pour une mission dans le champ du développement et de la solidarité internationale. Il est important de souligner que trois acteurs interviennent dans la définition d'un contrat de volontariat de solidarité internationale, à savoir :

- La structure qui demande, dont le rôle essentiel, est de définir la mission et d'en assurer la prise en charge (collectivité locale, ONG...) ;
- L'organisme qui recrute, structure, agréée par l'État français dont le rôle principal est d'assurer le suivi et la gestion administrative du contrat ;
- La personne recrutée, dénommée volontaire de solidarité internationale avec pour rôle essentiel d'exécuter la mission qui lui est confiée.

D'une durée limitée à deux ans maximum, l'expérience peut être renouvelée trois fois au cours d'une vie. Les volontaires de solidarité internationale pour ce temps limité mettent à contribution dans divers projets et domaines (éducation, santé, environnement, culture…) leurs compétences et véhiculent par la même occasion, des valeurs d'humanisme, de réciprocité et de solidarité. Très concrètement, « *la loi en France permet aux volontaires qui s'engagent de disposer d'un statut juridique protecteur (couverture sociale, indemnité, congés, aides au retour de mission…) et offre des garanties sur le déroulement des missions notamment à travers l'obligation faite aux associations d'envoi des volontaires de former ces derniers avant leur départ, de les accompagner durant leur mission et de leur proposer un appui à la réinsertion professionnelle à leur retour* »[70]. Ces garanties juridiques font qu'aujourd'hui, plusieurs jeunes ont la possibilité de vivre une expérience à l'international au service du développement. Et pour des jeunes diplômés français ou non, ce dispositif permet de partir justement à l'étranger dans le cadre de missions parfois très pointues, occasion de vivre souvent une première expérience professionnelle, comme rappelé. En réalité, pour beaucoup de ces jeunes fraîchement sortis de cursus de formation, le volontariat de solidarité internationale constitue un tremplin pour démarrer une carrière professionnelle dans un contexte difficile pour l'emploi en France.

Encadré 7 : Quelques statistiques sur le volontariat de solidarité internationale en France[71]

Au 31 décembre 2015, ont été comptabilisés 1 956 volontaires. La répartition entre hommes et femmes est de 40/60 %. Si 36 % des volontaires ont plus de 30 ans, la majorité est donc constituée de jeunes, en particulier de jeunes femmes. 90 % des volontaires sont de nationalité française, les autres provenant d'une cinquantaine de pays. Les pays d'accueil de volontaires se situent principalement en Afrique subsaharienne avec 45 % des volontaires (la Guinée accueille 41 volontaires), l'Asie en accueillant 29 % et le reste partant en Afrique

[70]Ministère des Affaires étrangères et du Développement international (2016), « Statistiques relatives aux différentes formes de volontariats soutenus par le Ministère des Affaires étrangères et du Développement international, Année 2015 », Note de synthèse, p.15.

[71]*Idem*, p.19.

du nord et en Amérique. 30 % de l'effectif est en poste dans les pays pauvres prioritaires[72]. Trois pays dans le monde (Madagascar, Philippines, Cambodge) accueillent chacun plus de 100 volontaires. Le profil des volontaires de solidarité internationale est à 58 % de niveau supérieur à BAC+5 et plus, soit un haut niveau de qualification. Lors de leur mission, ils occupent pour 52 % des fonctions administratives et de gestion, 14 % d'enseignement et 11 % d'éducation.

B. Comment ce statut de volontaire a-t-il été vécu sur le terrain au Sénégal ?

Comment vit-on en tant que volontaire sur le terrain ? Chaque volontaire de solidarité internationale (VSI) pourrait y répondre. Guinéen, mobilisé pour le département de l'Isère par le Service de Coopération au Développement pour une mission dans les régions de Tambacounda et de Kédougou au Sénégal, j'appartenais à la catégorie des volontaires de solidarité internationale dits « volontaires Sud-Sud ». Cette situation un peu particulière n'est pas sans incidences sur le terrain. Il est vrai que beaucoup d'interlocuteurs à Tambacounda et/ou Kédougou se demandaient souvent comment j'étais arrivé au Sénégal. Sur le terrain, en plus d'être volontaire de solidarité internationale, j'étais représentant du département de l'Isère (collectivité locale française), partenaire au développement des régions de Tambacounda et de Kédougou. Donc, j'avais le même « statut » sur le plan professionnel que tout représentant d'une tierce structure/institution agissant dans le développement local à l'échelle des deux régions. Au quotidien, ce « statut » prenait toujours le pas sur celui du volontaire, autre statut tout de même rappelé à diverses occasions. Volontaire, j'avais des engagements et des valeurs à défendre au quotidien sans faire vraiment attention parfois. En cinq ans, avec les acteurs isérois, tambacoundois et kédovins ; je pense avoir fait preuve de disponibilité, de volontarisme, d'écoute, de patience et contribué à mettre en place des projets de développement ; avec des démarches où chacun d'entre eux pouvait se retrouver (dans le respect de son identité).

[72] Bénin, Burkina Faso, Burundi, Comores, Djibouti, Ghana, Guinée, Madagascar, Mali, Mauritanie, Niger, République Centrafricaine, République démocratique du Congo, Sénégal, Tchad, Togo.

Cette mission a été aussi une occasion d'aller à la rencontre des populations des régions de Tambacounda et de Kédougou, et au-delà, du Sénégal ; d'échanger avec elles sur leurs réalités, sur leurs défis quotidiens. Cet apprentissage a été de tous les jours et à toutes les occasions. Toutes ces rencontres parfois insolites ne peuvent que faire grandir et ouvrir davantage aux réalités du monde. Pour un jeune professionnel, rencontrer autant de monde en si peu de temps ne peut être que formateur. Par ailleurs, pour faire vivre le réseau des volontaires de solidarité internationale au Sénégal, plusieurs rendez-vous étaient proposés à Dakar, la capitale du Sénégal ou en région pour favoriser les rencontres et les échanges d'expérience, mais pour des raisons professionnelles et parfois de distance, j'ai manqué à plusieurs. Durant toute la mission, j'ai aussi pu bénéficier de la mobilisation de l'équipe du Service de Coopération au Développement (SCD) qui a assumé sa responsabilité administrative dans la gestion de cette mission. À des milliers de kilomètres parfois (le SCD est basé dans la région lyonnaise en France), que ça fait du bien à un volontaire de savoir qu'il est suivi et accompagné.

Ce temps passé au Sénégal, c'est aussi ces moments d'échanges entre volontaires du département de l'Isère. Les échanges étaient quotidiens sur les différentes missions de chacun. Il y avait là un espace de coordination informelle qui permettait parfois de faire passer le temps, de partager sur le déroulement des missions et le vécu de tous les jours. Ces échanges sont utiles pour faire vivre cette communauté de volontaires, car au-delà de la technicité des différentes missions, il s'agit aussi d'aventures humaines où parfois des difficultés ne manquent pas. De telles situations créent forcément ce besoin de se rencontrer, de se parler, de s'épauler… ou encore de partager, réalités, rêves et parfois inquiétudes.

Être VSI, c'est être à l'écoute et essayer de travailler au mieux avec les acteurs locaux dans l'exercice de leurs responsabilités. L'objectif ne saurait être de se substituer à eux, mais plutôt, à différentes positions, de contribuer à renforcer leurs capacités propres dans la prise en charge du processus de satisfaction de leurs besoins individuels et collectifs. Le volontaire devrait toujours accompagner les acteurs locaux, même si la technicité et la complexité des missions peuvent conduire très souvent à aller au-delà, en faisant à la place d'autrui pour atteindre des résultats.

C. Quid de la valorisation d'une telle expérience de volontariat

Tout volontaire s'est au moins une fois posé la question de savoir quoi faire après. Aujourd'hui, clairement, les profils des volontaires de solidarité internationale ont évolué. Ils sont de plus en plus diplômés, souvent positionnés à des postes exigeant des compétences techniques et managériales élevées. Personnellement, j'étais plutôt content des responsabilités assumées sur les plans stratégique et opérationnel dans l'animation de la plateforme de coopération décentralisée Isère-Tambacounda-Kédougou. Pour autant de telles expériences ne sont pas toujours reconnues par de potentiels recruteurs à cause de ce statut souvent mal compris et/ou méconnu. Et pourtant, avec les compétences mobilisées et les missions proposées, nombre de volontaires de solidarité internationale n'ont rien à envier à d'autres situations professionnelles en termes de qualité de travail, de rigueur et d'exigence de résultats. À cela, ajoutons qu'ils font vivre au quotidien et à travers le monde, des valeurs d'humanité, de solidarité et de réciprocité. Dans ce monde où persistent d'énormes fragilités (économiques, sociales, écologiques), il y a besoin de plus de partage et de solidarité. Les milliers de volontaires de solidarité internationale en mission de par le monde contribuent chacun à son échelle d'intervention à œuvrer pour un monde plus juste. Ces missions sont aussi tant d'occasions pour acquérir des compétences professionnelles en matière de gestion de multiples projets sans oublier la construction de parcours de vie. Ces différents éléments devraient faire partie du discours tant des volontaires eux-mêmes que des organismes et/ou institutions qui les « gèrent » pour construire une image positive en mettant en exergue tous ces éléments (engagements, parcours de vie, compétences professionnelles). Les volontaires, à l'issue de leur mission, devraient être en mesure de valoriser les compétences réelles acquises (techniques et managériales) et sans nul doute cela faciliterait la transition vers de nouveaux débouchés professionnels et/ou des parcours de vie.

Il est évident aujourd'hui qu'au-delà des engagements personnels qui sont essentiels, de vraies compétences professionnelles sont nécessaires pour aller au bout de plusieurs missions proposées à des volontaires de solidarité internationale. L'exemple de ce poste de chargé d'appui à la coopération Isère-Tambacounda-Kédougou est illustratif à cet effet. Il a demandé beaucoup de compétences (conduite de projets, management, production et gestion des connaissances, médiation) pour accompagner au mieux les opérateurs dans la conduite des projets, assurer le suivi et la coordination des activités, gérer les relations partenariales avec de multiples acteurs au Sénégal. Je voyais aussi au quotidien l'investissement des deux autres volontaires du département de l'Isère mobilisés dans la conduite des actions de la RNC du Boundou avec des responsabilités techniques et managériales élevées (objectifs élevés, acteurs et partenaires divers et varié). Retenons simplement que les missions proposées aux volontaires sont parfois très pointues, diverses et variées, la suppression des clauses de l'âge et de la nationalité a ouvert vers de nouvelles possibilités de recrutement sans oublier l'utilisation de ce temps pour acquérir très souvent une première expérience professionnelle (notamment chez les jeunes). Ce sont là des changements importants qui auront des incidences en particulier sur les durées et le contenu des différentes missions de volontariat de solidarité internationale. C'est tout l'intérêt pour l'ensemble des acteurs de continuer à dialoguer pour saisir au mieux ces implications et trouver des ressorts pour améliorer sans cesse ce dispositif institutionnel au service du développement et de la solidarité à l'échelle internationale.

CONCLUSION DE LA QUATRIÈME PARTIE :

Des retours de cette expérience du département de l'Isère dans ses coopérations décentralisées avec les régions de Tambacounda et de Kédougou, il ressort que cette forme de déploiement à l'international des collectivités locales françaises contribue à ancrer la décentralisation au Sénégal. Ceci à deux niveaux : la mise à l'épreuve d'une démarche de travail à l'échelle locale où acteurs et partenaires de la coopération décentralisée peuvent se retrouver (échanges d'informations et de pratiques) et la réalisation de différents projets dans les territoires partenaires. Avec la coopération décentralisée, les collectivités locales ont un champ supplémentaire d'action dont la concrétisation des opportunités de développement renforce leur légitimité au niveau local. C'est dire qu'il y a des avantages à institutionnaliser et à promouvoir la coopération décentralisée au regard de cette expérience de l'Isère à Tambacounda et à Kédougou. Ainsi, avec la coopération décentralisée, le local retrouve de l'importance et la prise en charge des préoccupations des citoyens devient encore plus possible par des initiatives portées par des acteurs à l'échelle infranationale.

Comme toute action publique, la coopération décentralisée a besoin d'être pensée et mise en œuvre avec de la cohérence et nécessite, pour atteindre ses objectifs, la mobilisation effective de ses acteurs et partenaires. L'échelle locale rime certes avec proximité, mais surtout pas avec facilité tant la prise en compte de spécificités appelle très souvent à plus d'imagination et de travail collaboratif de la part des acteurs concernés. Cette expérience du département de l'Isère au Sénégal a été sans nul doute un cas d'études pour mieux comprendre la mise en œuvre du processus de décentralisation au Sénégal à travers la conduite de partenariats de coopération décentralisée ; un avec la région de Tambacounda et un autre avec la région de Kédougou. Cette expérience et les leçons tirées pourraient aussi servir à d'autres plateformes de coopération décentralisée dans une logique d'amélioration continue des cadres et pratiques d'action.

A ce stade, retenons simplement au regard de cette expérience, la décentralisation offre des possibilités de développement qui peuvent être renforcées par l'action à l'international de collectivités locales de pays développés. Et, dans ce sens, la coopération décentralisée peut y jouer un rôle fondamental. Mais, il en ressort aussi que les difficultés au quotidien ne manquent pas (instabilité institutionnelle et politique, financement, manque de coordination des interventions, faiblesse des capacités d'action des acteurs locaux...). Ces réalités ne sont certainement pas propres au Sénégal tant la mise en œuvre des processus de décentralisation reste complexe. Voilà pourquoi, de cette expérience franco-sénégalaise, il est tout à fait possible de jeter un regard sur l'évolution de la décentralisation en Guinée. Car, ces deux pays (la Guinée et le Sénégal) partagent une histoire, une frontière, des populations, et, aujourd'hui, ils sont pleinement engagés dans des processus de décentralisation dans lesquels, pour des raisons historiques aussi, la France (État et collectivités locales) joue un rôle majeur en termes d'appui institutionnel, technique et financier.

PARTIE V : ANALYSE DU PROCESSUS DE DÉCENTRALISATION EN GUINÉE ET ÉLÉMENTS DE RECOMMANDATIONS POUR SA MISE EN ŒUVRE

Lors du discours-programme[73]du 22 décembre 1985, les autorités de la Deuxième République ont souhaité faire de la décentralisation, le nouveau cadre de la conduite des politiques publiques avec un double objectif, opérer une rupture totale par rapport au centralisme observé 26 ans durant, et faire du citoyen, un acteur à part entière du processus de développement national. L'objet de cette partie est de passer en revue la conduite de ce processus en Guinée pour mieux comprendre la situation de la décentralisation en Guinée. Le chapitre 1 est consacré aux acquis et limites de ce processus entamé il y a déjà trentc (30) ans. Le chapitre 2 s'interroge sur la vision et l'ambitieux programme contenus dans la nouvelle Lettre de Politique nationale de la Décentralisation et du Développement Local (LPNDDL) adoptée en 2012, qui se veut aujourd'hui, une véritable feuille de route en la matière. Le troisième et dernier chapitre revient sur un certain nombre d'éléments qui pourraient aider à ancrer davantage la décentralisation dans la conduite des politiques publiques en Guinée à la lumière des expériences sénégalaises et françaises.

---

[73]Dans l'évolution politique de la République de Guinée, après vingt-six (26) ans de centralisme politique avec l'expérience du socialisme, ce discours a été prononcé par le Colonel Lansana Conté, chef du Comité Militaire de Redressement National (CMRN), organe qui a pris le pouvoir à la mort du Président Ahmed Sékou Touré. Ce discours a ouvert les perspectives à une économie de marché et à la décentralisation, comme cadre de l'action publique.

CHAPITRE 1 : ACQUIS ET LIMITES DU PROCESSUS DE DÉCENTRALISATION

Mise en route il y a trois décennies, la décentralisation a été imaginée et présentée au début de la Deuxième République comme une des réponses aux carences de l'action de l'État durant vingt-six (26) ans de centralisme politique. Ce fut le sens donné à ce nouveau virage politique à travers ce discours-programme, fondateur de la nouvelle république. Trente (30) ans après, de l'avis de nombre d'acteurs du processus de la décentralisation et des observateurs, des avancées ont certes pu être constatées, mais la Guinée aurait pu mieux faire, pour faire de la décentralisation, une réalité dans la conduite des politiques publiques.

A. AU DÉPART, LES CHOSES SEMBLAIENT BIEN PARTIES

« *Le discours-programme du Chef de l'État le 22 décembre 1985 consacra la décentralisation comme moyen choisi par le gouvernement pour faire participer les populations à la gestion publique. Le diagnostic de la gestion socialiste du pays était globalement négatif, la non-participation effective des populations à la prise et l'exécution des décisions en matière de développement était l'une des causes parmi d'autres pour expliquer la situation de délabrement économique et social du pays. Aussi, les nouvelles autorités affirmèrent leur volonté de créer les bases d'une démocratie pluraliste et d'une participation effective des populations au développement local. Les réformes entreprises devaient permettre d'améliorer la gouvernance pour rendre les choix et la mise en œuvre des politiques plus efficaces, c'est-à-dire plus aptes à répondre aux objectifs et aux besoins librement exprimés par les populations. À cet effet, la décentralisation devait permettre la responsabilisation et la participation des populations au processus de développement à travers des organes élus et représentatifs* »[74].

Les ambitions étaient élevées à l'époque au regard de l'héritage lourd en termes de conception des politiques publiques, de la place du

---

[74]Ministère de l'Administration du Territoire et de la Décentralisation, « Lettre de Politique Nationale, de Décentralisation et de Développement Local », (2014), *L'Harmattan Guinée*, p.16.

citoyen dans un schéma centralisé, du rapport du citoyen à l'État ou encore de la création d'une société libre et démocratique. La Guinée sortait de vingt-six (26) ans de centralisme politique, plus de deux décennies de fermeture au monde occidental avec une économie déstructurée qui se préparait d'importantes réformes avec l'appui des institutions de Breton Woods (Fonds Monétaire International et Banque Mondiale) à travers notamment les Programmes d'ajustement structurel au cours desquels « plus *de 50 000 fonctionnaires sur les 88 000 existants ont été expulsés de la fonction publique à travers des "**tests**" d'évaluation* »[75]. Au regard de ce contexte économique et sociopolitique, ce discours-programme du 22 décembre 1985 était en soi très ambitieux. Plus de trois décennies après, il y a eu des avancées en matière de décentralisation, avec :

- La création d'un cadre juridique et institutionnel (textes de loi, règlements, création et animation de services techniques…),
- La tenue d'élections locales pour asseoir une légitimité à la base,
- L'exécution de projets/programmes de développement avec le soutien de partenaires techniques et financiers bi et multilatéraux,
- Le déploiement d'outils techniques et financiers pour accompagner la mise en œuvre des responsabilités des collectivités locales,
- La mobilisation des citoyens autour du développement à la base,
- La mobilisation d'élus pour promouvoir et défendre le processus de décentralisation.

Cependant, ces éléments ne sauraient cacher les limites de la mise en œuvre effective de la volonté affichée dans le discours en cette fin d'année de 1985. Pour nombre de responsables politiques et/ou publics, de la société civile, du monde académique en Guinée, les contingences liées à l'évolution politique globale du pays et la forte politisation du processus de décentralisation ont eu raison des ambitions affichées. Très concrètement, les moyens institutionnels, techniques et financiers sont loin d'avoir suivi l'expression de cette volonté politique d'où le décalage aujourd'hui entre le contenu de ce

---

[75]CONDE Alhassane (2003), « La Décentralisation en Guinée, une expérience réussie », L'Harmattan, p. 43.

discours et les réalités dans la conduite des politiques publiques en Guinée.

B. Une mise en œuvre rattrapée par les contingences politiques

Il est important de rappeler que le processus de décentralisation en Guinée a souffert depuis le début des années quatre-vingt-dix de sa politisation extrême. La décentralisation s'est enlisée au fil du temps, avec des résultats partagés sur le terrain aujourd'hui : moins de développement à la base, moins de participation citoyenne et plus d'État central à la conduite de l'action publique. Ce champ de la décentralisation loin d'être singulier, est symptomatique de la conduite des politiques publiques en Guinée où toute réforme politique majeure est toujours vue à la loupe des intérêts partisans du moment bloquant durablement toutes perspectives de changements profonds dans la gouvernance des politiques publiques. Le chemin est encore long et semé d'embûches pour faire véritablement de la décentralisation une réalité institutionnelle et de terrain. Dans les faits, l'État guinéen a toujours été ambigu avec le processus de décentralisation, car les pouvoirs politiques ont toujours vu de mauvais œil la possibilité de partager la gestion des affaires publiques avec les entités locales dotées de capacités juridiques, techniques et financières qui, si elles sont exercées réellement, devront les conduire vers une autonomie par rapport au pouvoir central. En réalité, la décentralisation est toujours renvoyée à une seule de ses dimensions, celle politique, devant mettre à l'épreuve les forces agissant sur ce champ pour définir la capacité des uns et des autres à conquérir le pouvoir local.

Ainsi, la décentralisation est toujours crainte, souvent très mal comprise, avec l'idée notamment que l'État perdrait de sa puissance et de son influence. Or, des expériences dans d'autres pays plus proches de la Guinée (Sénégal, Mali, Burkina Faso…) démontrent à suffisance qu'approfondir la décentralisation ne signifie en rien la diminution des prérogatives de l'État. L'État, dans une approche différente sans nul doute dans un contexte de décentralisation, définit toujours le cadre institutionnel d'action, les mécanismes techniques et financiers d'appui aux collectivités locales et reste encore responsable des systèmes de péréquation à l'échelle nationale pour l'exercice de plus de solidarité entre les territoires, entre les groupes sociaux sans oublier au quotidien l'exercice de ses fonctions régaliennes primaires (justice, police, affaires étrangères). L'État ne perd ainsi en rien sa capacité d'action, mais au contraire retrouve des marges de manœuvre supplémentaires et de la légitimité.

Il est vrai que la mise en œuvre des processus de décentralisation est compliquée, car ils remettent en jeu des enjeux politiques, socio-économiques et parfois identitaires. L'exemple sénégalais, à travers cette expérience dans la plateforme de coopération Isère-Tambacounda-Kédougou, montre que la décentralisation, partout où elle est conduite ne fonctionne pas comme une baguette magique. Au Sénégal, j'ai souvent vu des questions parfois anodines faire objet de vifs débats entre acteurs de cette politique publique. Qu'il s'agisse du redécoupage administratif, du financement du développement local, des compétences des collectivités locales, des modes d'élection, de la mise en œuvre de différents projets… les interrogations ne manquent pas. Et, la Guinée en 2017 ne fait pas exception dans ce sens avec tous les débats liés par exemple à la seule question de l'organisation des élections locales. Ces difficultés ne devraient être occultées dans l'analyse de ces processus et il appartient à l'ensemble des acteurs d'y apporter des réponses adéquates (à la hauteur des enjeux).

Mais une fois de plus, les processus de décentralisation mobilisent, rassurent, crédibilisent l'action publique en apportant une connaissance fine des terroirs, des ressources, des acteurs et des possibilités de dynamiques de développement. De nos jours, le local commence vraiment à « parler » aux acteurs et partenaires du développement en Afrique tant l'approche centralisatrice des politiques publiques a connu des résultats mitigés. Beaucoup d'institutions internationales, de bailleurs de fonds commencent à investir l'échelon local, plus à même de répondre aux préoccupations des populations et surtout en faisant avec ces dernières. Finalement, dans un État unitaire comme la Guinée, promouvoir le développement national en mettant à contribution l'ensemble des ressources dont dispose le pays, ne pourrait se réaliser sans un processus effectif de décentralisation dont la finalité dépasse largement les contingences politiques du moment.

C. Un processus de plus en plus compris par les citoyens à la base

Il serait presque contradictoire d'affirmer que la décentralisation, avec toutes les difficultés rencontrées dans sa mise en œuvre au quotidien en Guinée, est comprise à la base. Il s'agit simplement de faire remonter l'engagement et la mobilisation de citoyens pour améliorer leurs conditions de vie, car la décentralisation repose sur un principe majeur, la libre participation du citoyen dans la vie de la collectivité. En Guinée où l'État a toujours été à la fois « présent » et défaillant dans la fourniture de services publics, des formes d'organisation ont souvent pris le relais où des citoyens s'activent dans des secteurs divers (éducation, environnement, santé, hydraulique...). Ces derniers s'investissent souvent dans des projets d'infrastructures par la mobilisation de l'épargne populaire en construisant des écoles, des postes de santé, en creusant des puits (parfois améliorés), ou encore en « réfectionnant » des tronçons de route. Partout en Guinée, de telles initiatives de citoyens pour faire face à des besoins immédiats dans différentes localités du pays peuvent être constatées.

Mais, force est de reconnaître que ces initiatives ont vraiment besoin d'être accompagnées du point de vue organisationnel, technique et financier pour passer de projets d'infrastructures « communautaires » à ceux de développement[76].Tel reste le principal défi des décideurs publics (nationaux et locaux) dont le rôle reste avant tout de créer les conditions d'éclosion et de développement de ces initiatives individuelles et/ou de groupes pour agir à l'échelle locale. Au-delà de ces éléments institutionnels et techniques, l'important est de faire du citoyen, un acteur de son « propre développement ». Pour aller dans ce sens et dans le cadre de la mise en œuvre de la politique nationale de la décentralisation, un important travail est déjà fait avec l'élaboration dans les communes urbaines et rurales, de plans de développement locaux. Avec de telles planifications, on commence à avoir un portage du développement avec la mobilisation de la collectivité locale. Désormais, chaque

---

[76]Ces infrastructures constituent souvent le premier maillon et d'une importance capitale dans des pays sous-équipés. Mais, une fois de plus, elles ne sauraient suffire, car le développement reste un processus complexe appelant forcément à la création et à l'entretien de dynamiques d'acteurs capables de révéler et mettre en valeur des ressources à l'échelle des territoires dans une logique d'ensemble et non simplement « communautaire ».

citoyen, acteur et partenaire souhaitant réaliser une quelconque action de développement dans une localité de la Guinée dispose d'un outil à cet effet. Ce document informe et oriente sur les besoins et les stratégies souhaitées en matière de développement.

Plus globalement, l'important aujourd'hui est que le citoyen se reconnaisse et participe à la mise en œuvre des politiques publiques. Prendre en compte son choix, le réaliser avec lui, facilite sa mobilisation et son implication. Il n'est certes pas toujours expert, mais source de légitimité. En réalité, cette volonté du citoyen de s'investir dans le développement local ne pourrait suffire d'où l'intérêt pour les pouvoirs publics de l'accompagner en créant les conditions juridiques, techniques à cet effet. Voilà pourquoi, la décentralisation reste un processus ouvert et négocié où chaque acteur est appelé à faire évoluer sa démarche d'intervention propre pour créer des synergies d'action. De la pédagogie, du renforcement des capacités, il en faudra en Guinée pour permettre à tous les acteurs concernés par le processus de décentralisation de mieux comprendre ses enjeux et ses modalités de mise en œuvre afin de promouvoir un type de développement ascendant et faire du citoyen, un acteur à part entière de ce processus. Pour y arriver et inscrire la décentralisation vers de nouveaux objectifs, un travail important a été fait en termes de diagnostics pour dégager clairement de nouvelles orientations dans la mise en œuvre de la décentralisation en Guinée. Ce travail a commencé par l'élaboration, l'adoption et la publication d'une Lettre de Politique Nationale de Décentralisation et de Développement Local, véritable feuille de route en la matière.

CHAPITRE 2 :
QUID DU CONTENU DE LA LETTRE DE POLITIQUE NATIONALE DE DÉCENTRALISATION ET DE DÉVELOPPEMENT LOCAL ?

Faisant le constat du manque de volonté politique pour approfondir la décentralisation, l'État s'est engagé en 2012 dans une nouvelle phase avec l'adoption de cette nouvelle lettre de politique nationale. Cette feuille de route part d'un constat simple, la Guinée aurait dû engranger plus de bénéfices dans la voie qu'elle s'est tracée en 1985, à savoir faire de la décentralisation le cadre d'action des politiques publiques.

A. UN DIAGNOSTIC SANS CONCESSIONS SUR L'ÉTAT DE LA DÉCENTRALISATION

Dans ce document, fruit d'un travail technique et d'une mobilisation de plusieurs acteurs (services techniques de l'État, collectivités locales, partenaires techniques et financiers, société civile…), constat est fait de l'incapacité des collectivités locales en Guinée à jouer pleinement leur rôle dans la promotion du développement à la base. Ces entités « … *n'ont pas les moyens ni les capacités d'assumer les fonctions qui leur sont dévolues* »[77]. Ceci pour cinq raisons principales :

- Le manque de clarté juridique dans le transfert des compétences entre l'État et elles,
- L'inadéquation totale entre les ressources qui leur sont transférées et les compétences dévolues,
- La faiblesse des ressources humaines en qualité et en quantité en leur sein,
- La faiblesse dans le fonctionnement effectif des organes dédiés à leur vie,
- La faible participation voire l'absence totale du citoyen dans leur vie.

Il est évident qu'un tel diagnostic n'est pas reluisant pour un processus entamé il y a trente (30) ans et dont la finalité était de créer

[77]Ministère de l'Administration du Territoire et de la Décentralisation, « Lettre de Politique Nationale, de Décentralisation et de Développement Local », (2014), L'*Harmattan Guinée*, p.19.

les conditions pour un développement partant du bas dans lequel le citoyen, prendrait toute sa place. C'est dire à quel point la décentralisation est faible aujourd'hui en Guinée dans la conduite réelle des politiques publiques. Pour beaucoup d'acteurs et d'observateurs, elle a peu d'impacts dans la vie quotidienne des Guinéens tant l'État central reste encore un acteur majeur sur tout le processus de conduite des politiques publiques (conception, recherche de financement, mise en œuvre, suivi-évaluation). Cependant, le diagnostic posé par cette nouvelle lettre de politique nationale a le mérite d'être clair, sans ambiguïtés aucune sur la situation de la décentralisation en Guinée. En tant que professionnel du monde du développement, pour avoir contribué à plusieurs exercices analogues (certes à moindre échelle), on peut se rendre compte du travail colossal, abattu par les différents acteurs pour arriver à ce résultat. Pour tout acteur de la politique publique, il y a un début de solution à un problème lorsque le contenu des documents de travail reflète les réalités du terrain. En matière de développement, les documents d'orientation, de planification sont d'une importance capitale. Ils constituent des références pour les acteurs, guident leurs stratégies d'action. Ils se doivent donc d'être fiables et crédibles vis-à-vis des acteurs appelés à les utiliser dans leur travail. Ce diagnostic témoigne aussi bien évidemment de l'ampleur de la tâche pour faire de la décentralisation une réalité en Guinée.

B. DES AMBITIONS TRÈS ÉLEVÉES AU REGARD DE LA SITUATION POLITIQUE DE LA GUINÉE

Pour passer ce nouveau cap de la décentralisation, l'État s'est donné des objectifs stratégiques et opérationnels. « *D'ici une période de 10 ans, la perspective est de disposer de collectivités locales fonctionnelles, moteurs du développement local sur leur territoire, évoluant dans un cadre institutionnel rénové avec une administration territoriale qualifiée, animatrice du développement territorial et garante du respect des règles, des services techniques déconcentrés articulant leurs actions avec celles des collectivités* »[78]. Objectif visé, faire des échelons infranationaux, des espaces porteurs de dynamiques de développement reposant essentiellement sur des ressources locales. Cette lettre de politique nationale traduit aussi la volonté manifeste de

[78] *Idem*, p.26.

l'État de réorienter profondément la conduite des politiques publiques pour faire en sorte que les régions[79] et les communes en tant que collectivités locales contribuent effectivement à la hauteur de leurs potentialités au développement national, et qu'elles soient accompagnées en fonction de leurs besoins, faisant ainsi de l'équité, un des principes majeurs de l'action publique. Ces objectifs, de l'avis de même des autorités nationales, ne peuvent être atteints sans une réforme en profondeur de l'État, de sa façon de concevoir les politiques publiques et de ses moyens d'action (modernisation de l'administration territoriale par exemple). Adoptée par le décret n° 042/PRG/SGG du 28 mars 2012, que de retard accusé dans sa mise en œuvre au regard des orientations globales, du calendrier initialement affiché.

Des efforts colossaux seront nécessaires non pas pour rattraper un quelconque calendrier, mais simplement pour mettre en route les engagements pris. Cette lettre de politique nationale en matière de décentralisation propose de concentrer les efforts de l'État guinéen et de l'ensemble des acteurs sur six axes principaux à savoir :

- La mise en place et l'effectivité des régions en tant que collectivité locale[80],
- L'opérationnalisation d'une administration territoriale au service du développement local,
- Le renforcement des capacités des collectivités locales pour exercer leurs fonctions,
- Travailler à assurer le financement du processus de la décentralisation,
- La mise en œuvre d'une stratégie de Déconcentration et de Décentralisation (2D) au sein de l'ensemble des ministères sectoriels,
- Assurer le pilotage du processus de décentralisation et de déconcentration.

À chaque axe de travail sont associés des résultats à atteindre et des activités à mener dans un objectif de rendre opérationnel le contenu de cette lettre de politique nationale.

Tableau 13 : Les résultats et les activités programmées pour la « régionalisation »

[79] La constitution de 2010 a entériné le choix de la Guinée de mettre en place un deuxième niveau de collectivité locale (article 134) : la région

Résultats	**Activités**
Les régions sont érigées en collectivités et fonctionnelles	Réalisation d'une étude technique
	Décisions et actes législatifs et réglementaires
	Inscription du budget N1 des régions dans la loi des Finances
	Élection des Conseils régionaux
	Recrutement du personnel, mise à niveau
	Conception du programme d'appui aux régions
	Conception du 1er programme de développement des régions
	Contractualisation État région
Les régions mettent en œuvre leur 1er programme de développement	Mise en œuvre du programme d'appui aux régions (mesures d'accompagnement)
	Mise en place par les régions de leur programme de développement

Le développement économique régional est porté par les régions et soutenu par l'État	Définition des stratégies de développement économique
	Mise en œuvre des actions de développement économique
	L'État définit avec les régions les infrastructures structurantes à mettre en œuvre
	Un réseau de centre de formation professionnelle lie les régions
	Définir une stratégie de développement urbain pour la période 2010 – 2020
	Actualiser les plans de développement urbain existants et élaborer pour les autres villes.
Un observatoire de développement économique est mis en place	Mise en place de l'observatoire

La réalité est que l'effectivité des processus de décentralisation exige du temps, voire beaucoup de temps et une volonté politique réelle. Rien ne devrait être considéré comme acquis et l'histoire de la Guinée dans ce domaine est parlante. Ces processus sont avant tout le résultat de compromis entre différentes forces notamment politiques sur la conduite de l'action publique et comportent des enjeux importants en matière de gouvernance des politiques publiques. Il est vrai qu'en matière de politique publique, la vision et les objectifs sont importants, car ils fixent le cap, mais la démarche de mise en œuvre et les ressources le deviennent encore plus dans le temps. Ces deux éléments déterminent finalement la capacité réelle à atteindre les objectifs fixés. Donc, aujourd'hui, pour réussir ce pari, il est vraiment temps que l'État se donne les moyens et donne les moyens aux collectivités locales ! Agir ainsi donne de réelles possibilités de mettre en œuvre le contenu de la lettre de politique nationale tant les enjeux sont importants pour un processus de développement équilibré et soutenable en Guinée.

Après quelques années passées en France et au Sénégal au sein des processus de décentralisation, et au regard des objectifs affichés et de l'histoire de la Guinée en la matière ; il apparaît que des efforts sans commune mesure seront nécessaires de la part de l'État, des collectivités locales, des autres acteurs et partenaires de la décentralisation pour mettre en œuvre le contenu de cette lettre de politique nationale. Ces efforts seront institutionnels, politiques, techniques et financiers durant les prochaines décennies. Les obstacles seront sans nul doute nombreux tant les réformes prévues conduiront à des changements profonds dans la gouvernance des politiques publiques. Et pourtant, cette politique de décentralisation est indispensable, car elle ouvrira à la Guinée de nouvelles perspectives de développement avec cette possibilité de faire émerger à l'échelle infranationale, des dynamiques locales capables de faire face aux besoins des populations.

C. Un besoin d'évolution des logiques d'intervention des différents acteurs

La décentralisation implique un partage du pouvoir, des ressources et des responsabilités entre différentes entités de l'échelon national et infranational. Elle doit aussi rapprocher les centres de prise de décisions des populations qui en sont les bénéficiaires. Aller dans ce sens appelle à une réorientation profonde de la façon dont les politiques publiques ont toujours été conduites en Guinée (réflexion, mise en œuvre, suivi et évaluation). Cela suppose un engagement fort et durable ; et un investissement dans une nouvelle démarche des acteurs concernés dans la conduite des politiques publiques. Chacun devrait se tenir prêt à s'inscrire dans ce changement profond de paradigme en faisant évoluer ses propres logiques d'intervention pour mieux tenir compte des enjeux du développement national. L'effectivité de la décentralisation appelle à une réforme en profondeur des logiques de déploiement de l'administration territoriale, des mécanismes de participation des citoyens dans la conduite des affaires de la Cité, de l'évolution des rôles et responsabilités des partenaires techniques et financiers ou encore du renforcement des capacités institutionnelles des collectivités locales. Ce sont des chantiers énormes qui exigent d'introduire une nouvelle démarche de travail entre acteurs et partenaires de la décentralisation. Il y a de toute évidence, de nouvelles logiques de déploiement de l'action publique à construire, avec notamment, une évolution majeure du rôle et de la responsabilité de l'État qui, en tant qu'acteur majeur du processus de décentralisation, ne devrait craindre pour son périmètre d'action.

Comme le dit Bernard Husson[81], « *il revient toujours aux États de préparer l'avenir, de faire émerger un projet global de société, de le négocier, le porter, le défendre à l'intérieur du pays comme sur la scène internationale. L'État reste finalement un espace nécessaire pour dépasser les réseaux claniques, endiguer les dérives et les replis identitaires, consolider la solidarité nationale, garantir la sécurité des personnes et des biens et améliorer la répartition des revenus* »[82]. Cela revient à dire qu'en aucun moment, l'État aurait à perdre un quelconque champ d'intervention en voulant approfondir un processus de décentralisation. Au contraire, il regagne des marges de manœuvre politique et retrouve de la légitimité, éléments indispensables pour une action publique qui se veut durable et efficace, tant la défiance du citoyen vis-à-vis de l'État est importante en Guinée. C'est cet acteur

[81]Docteur en économie, expert en décentralisation et développement local, fondateur du Centre International d'Études pour le Développement local et du Réseau Rhône Alpes d'Appui à la coopération (RESACOOP).

[82]HUSSON Bernard (2000), « La coopération décentralisée, légitimer un espace public local au Sud et à l'Est », *CIEDEL*, p.7.

qui a finalement les clés pour débloquer ce processus en Guinée et l'ancrer définitivement dans la conduite des politiques publiques.

À titre d'exemple, cette expérience professionnelle vécue au Sénégal et en France a été l'occasion de voir l'État à l'épreuve dans l'ancrage de la décentralisation. La définition des cadres institutionnels, la mise en place des mécanismes d'appui à la maîtrise d'ouvrage locale, le financement de projets portés par les collectivités locales sont autant de rôles assumés par l'État tant en France qu'au Sénégal. Approfondir la décentralisation revient aussi à la qualification (améliorer sans cesse) des logiques de déploiement de l'État sur son territoire national et à l'étranger. Et, en interne, cela touche à la déconcentration avec le déploiement de l'administration publique pour qu'elle soit plus proche des réalités de l'arrière-pays. La qualification de cette administration territoriale est un impératif pour réussir un processus de décentralisation. Un tel objectif ne saurait aussi être atteint sans un accompagnement technique et financier des collectivités locales pour assumer leurs responsabilités et compenser ainsi les transferts de charges de l'État. Voilà pourquoi, décentralisation et déconcentration sont finalement deux logiques de déploiement de l'action publique complémentaires et non concurrentielles. Ce changement profond touche aussi la gestion actuelle des collectivités locales et notamment le rôle de l'élu local. Ce dernier doit désormais passer d'un simple gestionnaire de la collectivité à celui qui se met en capacité de développer ses potentialités, avec un rôle de "**développeur**". Il doit être force de propositions, d'innovations pour espérer mobiliser autour d'une dynamique de travail acteurs et partenaires du développement local. Plus globalement, les élus locaux outre leurs fonctions de représentation (à l'échelle locale et/ou nationale) ont dans les processus de décentralisation un rôle majeur dans le développement des territoires. C'est à eux qu'il revient d'impulser la dynamique de travailler avec l'État et les autres acteurs et partenaires de la décentralisation pour « démontrer » que cette logique politique a tout son sens dans la prise en charge effective des besoins des populations. Disons qu'ils (élus locaux) devront désormais faire preuve d'initiatives, de responsabilités et de proactivité dans l'exercice de leurs missions au service de leur localité et de leurs populations.

Encadré 8 : Décentralisation et développement local en Afrique : quels liens[83] ?

La décentralisation peut, il est vrai, favoriser le clientélisme politique, générer des tensions, entre l'État, au travers de ses services déconcentrés, et les élus locaux et leurs services. Les décentralisations sont récentes en Afrique, les textes d'application souvent incomplets. L'État n'y est pas toujours franchement engagé. Les collectivités locales conscientes de leurs capacités embryonnaires, de la faiblesse de leurs ressources propres, ne sont pas toujours actives et cette insuffisance « politique » est un obstacle supplémentaire. Il faut cependant persévérer. La décentralisation est un processus long, complexe qui a besoin d'un engagement double et sans réserve des responsables politiques nationaux et locaux. Le soutien des bailleurs de fonds devra lui aussi s'inscrire dans un agenda de longue durée. Mais la décentralisation peut offrir au développement local un cadre approprié : dans un dépassement de l'espace de la communauté, pour une adhésion à une rationalité plus large et plus réellement collective, avec l'avènement d'un jeu d'acteurs qui participent à la construction et au partage des bénéfices, mais aussi des risques de l'ensemble des biens publics de la collectivité.

Voilà pourquoi, le développement à l'échelle local nécessite outre une vision, des stratégies, des démarches et des projets/programmes d'actions. Il est de loin le résultat d'une improvisation. Et, une fois de plus décentraliser ne suffit pas pour générer du développement local. Car, la décentralisation renvoie au processus redistributif de compétences centrales vers les périphéries de l'État (sous-entendu avec les ressources) alors que développement local est la participation effective des acteurs à une échelle de territoire dans la prise en charge de leurs besoins. C'est ce double mouvement s'inscrivant dans un changement de paradigme profond dans la conduite des politiques publiques en Guinée qu'il est important aujourd'hui de réamorcer avec la mise en œuvre effective de la lettre de politique nationale de décentralisation et de développement local.

[83]DEBERRE Jean Christophe (2007), « Décentralisation et développement local », *Afrique Contemporaine*, n° 221, p.54.

À la question de savoir quels critères utiliser pour pouvoir qualifier de réelle, une volonté politique d'un État de décentraliser, Bernard Husson répond ; « ***Primo*** *la mise à disposition des collectivités locales, des services techniques de l'État (sans trop de contraintes et conditionnalités préalables) leur permettant de disposer ainsi de compétences à la fois en qualité et dans les délais.* ***Deuxio****, l'autonomisation de services d'accompagnement des collectivités locales, permettant aux autorités locales d'échanger, de travailler ensemble. Cela passe notamment par la création d'espaces de rencontres tels les maisons d'élus dont l'absence renforce la mise sous autorité de l'État des élus locaux. Il est important aussi de souligner que la décentralisation ne peut réussir qu'avec un État fort capable de gérer des problématiques nouvelles. Loin d'affaiblir l'État, la décentralisation crée un cadre où cet acteur change sa façon d'intervenir en accompagnant les collectivités locales dans leurs projets grâce à des dispositifs techniques et financiers adéquats, non en agissant directement au niveau local* »[84].

Pour conclure sur ce chapitre, en référence aux ambitions affichées, eu égard aux insuffisances constatées dans la mise en œuvre du processus de décentralisation en Guinée, des changements importants dans les logiques d'intervention des acteurs (collectivités locales, État, partenaires techniques et financiers, organisations de la société civile) sont à opérer. Cette nécessité actée de faire de la décentralisation une réalité institutionnelle et pratique (à travers la lettre de politique nationale de décentralisation et du développement local) conduit à mener des réformes globales (économiques, institutionnelles, politiques) et en profondeur dans la conduite des politiques publiques en Guinée.

[84] DIALLO Boubacar Sidighi (2008), « Le rôle et la place des institutions au Sud dans les projets de coopération décentralisée, le cas de la coopération Isère-Tambacounda », Mémoire de Master professionnel, Annexe n° 4 (interview réalisée le 27/08/2008), p. 65.

CHAPITRE 3 :
POUR UNE TERRITORIALISATION DES POLITIQUES PUBLIQUES NATIONALES

Longtemps, la question de l'efficacité et de l'efficience des politiques publiques a été au cœur des préoccupations des gouvernants, des spécialistes ou encore des citoyens manifestant un certain intérêt pour la chose publique. Longtemps aussi en Guinée la politique publique a été du seul ressort de l'État central qui, en vertu de ses prérogatives, était le seul maître à bord dans l'espace national. Ce modèle a un grand avantage qui est celui de définir de grandes orientations en la matière avec tout de même une insuffisance majeure, la prise en compte effective des réalités (ressources, acteurs, dynamiques) de l'arrière-pays. Or les besoins de développement, les atouts et les contraintes ne sont jamais les mêmes à l'échelle d'un territoire national d'où la nécessité d'avoir des stratégies différenciées dans la conduite des politiques publiques.

A. REPENSER LES NOTIONS D'ESPACE ET DE RESSOURCES TERRITORIALES

En termes de définition, selon Bernard Pecqueur[85], la ressource « *est une réserve, un potentiel latent, voire virtuel, qui peut se transformer en actif si les conditions de production ou de création de technologies le permettent tandis que l'actif est un facteur en « activité » valorisée par le marché* »[86]. La diversité des espaces et de leurs dotations inégales en ressources font que les stratégies de développement en Guinée ne peuvent être pensées, donc conçues de la même manière. Il est clair que la dimension spatiale n'a pas toujours été la préoccupation première des économistes en la matière. Pour Bernard Pecqueur « *La prise en compte des facteurs locaux dans les dynamiques économiques apparaît aujourd'hui comme une évidence et une nécessité. Il s'agit, somme toute, d'une préoccupation relativement récente, qui ouvre la voie vers la diversification des politiques économiques, sociales et culturelles* »[87]. L'espace, loin

[85]Enseignant-chercheur, professeur à l'Université Grenoble Alpes, Laboratoire PACTE (Politiques publiques, Action politique, Territoires).

[86]PECQUEUR Bernard (2007), « L'économie territoriale, une autre analyse de la globalisation » *L'économie Politique*, n° 33, p. 33.

[87]*Idem*, p. 42.

d'être simplement le support matériel de la réalisation de l'activité économique en « hébergeant » les acteurs et les ressources, constitue un des éléments de son orientation et de sa structuration. La dynamique de l'économie globale aujourd'hui montre à quel point cette dimension est prégnante avec les phénomènes de délocalisation et/ou de relocalisation des activités économiques. La prise en compte de la dimension spatiale dans la conception des politiques publiques, l'identification des besoins réels des populations, leur implication dans la mise en œuvre des actions conduisent potentiellement à une plus grande efficacité de l'action publique. Citant toujours Bernard Pecqueur, le développement territorial peut être défini comme tout processus de mobilisation des acteurs qui aboutit à l'élaboration d'une stratégie d'adaptation aux contraintes extérieures, sur la base d'une identification collective à une culture et à un territoire dont la définition comporte trois affirmations :

- Il ne peut se décréter et reste une construction d'acteurs, même si des politiques publiques appropriées peuvent la stimuler dans la durée ;
- Il appelle à une stratégie d'adaptation vis-à-vis de la globalisation en permettant aux acteurs des territoires de réorganiser l'économie locale face à la montée des concurrences à l'échelle mondiale ;
- Il repose sur le principe de spécification des actifs, c'est-à-dire la recherche des ressources propres au territoire qui lui permet de se différencier de son voisin plutôt que d'être en concurrence sur des productions standards.

De tels processus de développement fondés donc sur les ressources, les acteurs et leurs stratégies ne peuvent être pensés et mis en œuvre par exemple en Guinée de la même façon à Conakry, Boffa, N'Zérékoré, Siguiri, Télimélé ou Mali. Les potentialités, les obstacles, les enjeux et les acteurs sont différents, d'où la nécessité de développer des approches localisées auxquelles acteurs et partenaires peuvent s'identifier et se reconnaître pour se sentir concernés et pouvoir se mobiliser. Aujourd'hui, l'enjeu est une fois de plus pour la Guinée de repenser profondément son organisation territoriale et sa vision du développement pour trouver de nouvelles ressources afin de promouvoir à l'échelle nationale un processus de développement soutenu par des dynamiques territoriales. L'objectif est finalement d'accompagner chaque localité à mieux, identifier ses ressources, de réfléchir et de mettre en place des dynamiques d'acteurs pour les valoriser. La Guinée doit aller vers une décentralisation effective pour permettre aux acteurs locaux de se réapproprier leur propre chemin de prise en charge de leurs besoins par la mise à l'épreuve de processus collectifs (échanges d'informations, partage de savoirs et savoir-faire, définition de projets communs).

Ce pays a finalement l'avantage d'être divers, de disposer de spécificités locales pouvant être valorisées. Il regorge des ressources naturelles, minières, touristiques, culturelles que des dynamiques d'acteurs locaux peuvent contribuer à valoriser au bénéfice du développement à la base. Autour de la mare de Baro (Kouroussa), du parc du Badiar (Koundara), de la forêt de Ziama (Macenta), des sites négriers de Dominya et Farinya (Boffa), du mont Loura (Mali), des îles de Loos (Conakry) des initiatives peuvent être développées par le biais des échanges et de la coopération multiacteurs. Ce sont autant de leviers possibles d'un développement à l'échelle de ces localités. Ce changement de paradigme dans la conduite des politiques publiques sera fondamental pour créer des espaces d'éclosion de dynamiques d'acteurs capables de valoriser les ressources dont la Guinée dispose. Car, « *Depuis une vingtaine d'années, on assiste à un renouvellement de la problématique du développement à partir d'une meilleure prise en compte de la variable spatiale dans l'analyse des dynamiques économiques et sociales. Né d'une réaction à l'épuisement du modèle keynéso-fordiste au Nord, ce renouvellement a d'abord concerné les pays industrialisés. Mais dans un deuxième temps, il s'est étendu aux pays en développement dans la mesure où les stratégies classiques de développement, fondées sur les grands projets industriels, sont loin d'avoir donné des résultats attendus* »[88].

Résultat : On ne peut plus faire du développement comme avant. Il y a un besoin urgent de changer de « logiciel » de pensée. Et pour cela, la démarche territoriale offre un cadre théorique où la différenciation des approches est de mise et facilitant une meilleure prise en compte de la question des ressources, des acteurs et de leurs stratégies. D'une manière générale, les théories et processus de développement sont en perpétuelle évolution et il appartient aux acteurs impliqués dans la conduite des politiques publiques de saisir ces évolutions pour éclairer la décision politique en la matière. Cela

[88] FERGUENE Améziane (2013), « Économie territoriale et développement local : concepts et expériences », *Éditions Campus Ouvert*, p.118.

suppose que le politique soit à l'écoute aussi des acteurs et partenaires du développement local et notamment du monde académique. Dans ce domaine, Il ne saurait y avoir de schémas figés dans l'espace et le temps, de démarches fermées et, c'est vraiment tout l'intérêt de l'approche territoriale du développement. Elle est plus à même de mettre en relation étroite les acteurs et les ressources ; le local, le national et l'international ; la recherche et l'action pour toujours interroger l'action publique en matière de développement, au service de la qualité de la démarche et de la satisfaction des besoins des populations.

Encadré 9 : L'apport principal de l'économie territoriale dans le développement[89]

Cet apport consiste précisément dans le dépassement de la conception classique de l'espace comme support neutre ou passif des activités humaines (qui n'intervient dans l'analyse économique que par les coûts de déplacement et de transport) au profit d'une approche par le territoire, un concept qui met au cœur de la réflexion, les interactions entre acteurs situés sur un même espace géographique et poursuivant un projet collectif reposant sur un socle de valeurs culturelles communes. Ces interactions ont ceci de particulier qu'elles engendrent des externalités favorables (ou effets externes positifs) à la fois à chacun de ces acteurs pris isolément et à la dynamique socioéconomique d'ensemble du territoire concerné. On peut retenir comme fondements essentiels de l'approche territoriale, quatre concepts distincts, mais étroitement liés entre eux : les concepts d'externalités (ou effets externes), de ressources (ou patrimoine), d'économie d'agglomération et de proximité.

B. Oser les réformes structurelles

Il faudra beaucoup de courage politique pour inscrire durablement la décentralisation comme cadre d'action de la politique publique en Guinée. Comme rappelé, la décentralisation est avant tout un processus politique. Il est clair qu'au regard des ambitions affichées dans la lettre de politique nationale, sans volonté politique réelle, les

[89] *Idem*, p.164.

engagements ne pourront être tenus. Cette volonté politique, à l'image de toute autre action de l'État, repose sur la qualité du cadre institutionnel (contenu, démarche, rôles et responsabilité des acteurs), sur les affectations budgétaires (moyens techniques, humains et financiers) à la mise en œuvre des actions et sur le degré d'adhésion du citoyen. Dans ce sens, il est important par exemple d'aller vers un nouveau code des collectivités locales à la hauteur des enjeux. Un tel objectif permet de créer un débat national autour des ambitions affichées dans ce document d'orientation nationale en matière de décentralisation pour mobiliser l'État, les collectivités locales, les organisations de la société civile et l'ensemble des partenaires techniques et financiers pour discuter en profondeur sur les moyens pour opérationnaliser une telle volonté politique. Travailler ainsi donne de la légitimité à la politique poursuivie et peut conduire vers des équilibres essentiels (seuls capables de satisfaire l'intérêt général).

Il est évident que les choses ne seront pas simples tant les enjeux sont importants pour le développement de la Guinée. Une telle dynamique conduira à un changement de cap touchant forcément à des intérêts individuels/catégoriels établis pouvant déboucher sur de la résistance voire de la confrontation. Voilà pourquoi, il faudra du courage politique pour conduire des réformes majeures touchant par exemple à la fiscalité, à la gouvernance locale, aux compétences des collectivités, au dispositif d'appui à la maîtrise d'ouvrage locale pour trouver des réponses adéquates à la nécessité d'aller vers un développement porté par des dynamiques locales. Aujourd'hui, pour une réforme en profondeur de l'État et pour des services publics efficients en Guinée, approfondir la décentralisation n'est pas une option, mais une nécessité. Par ailleurs, rendre effective la politique de décentralisation, de par les domaines et aspects potentiellement à toucher, doit toujours être envisagée de manière transversale. Ce qui peut compliquer les enjeux, multiplier les acteurs et donner l'impression que toute réforme devient risquée pour les pouvoirs politiques en place. Et, pourtant, aujourd'hui, c'est le sens de l'histoire au regard de toutes les réalités et/ou difficultés dans le processus de développement de la Guinée.

Le problème dans les processus de décentralisation n'est pas simplement en réalité, une question de transfert de compétences aux collectivités locales. Dans le code des collectivités locales guinéen adopté en 2006, 32 le sont. Le vrai problème se situe dans le transfert concomitant de ressources (techniques et financières) pour permettre dans les faits à ces collectivités locales de satisfaire les besoins créés par ces transferts de compétences de l'État vers elles. Il est toujours important de rappeler qu'en matière de décentralisation, qu'à chaque transfert de compétences, doit correspondre un transfert équivalent de ressources. C'est vraiment l'un des principes de base de la décentralisation en tant que philosophie dans la construction de l'action publique. Certes, l'État dans l'exercice de ses responsabilités aura toujours besoin de ressources aussi pour faire face à ses obligations, mais il est de son devoir de compenser financièrement les transferts de charges aux collectivités locales. Pour aller dans ce sens, d'importantes réformes seront indispensables pour les prochaines décennies en Guinée pour créer les conditions, politiques, institutionnelles, techniques, financières de l'exercice par les collectivités locales de leurs responsabilités légales vis-à-vis des populations. Cette question de transfert des ressources (techniques et financières) est au cœur des processus de décentralisation et conditionne leur effectivité. Sans disponibilité de ces ressources, l'on ne saurait véritablement parler d'ancrage de la décentralisation.

Encadré 10 : De la question de l'autonomie des collectivités locales

Aller vers l'autonomie des collectivités locales dans l'exercice de leurs responsabilités reste un objectif majeur des processus de décentralisation. Cette autonomie est synonyme de capacités réelles pour les collectivités locales d'initier, de mettre en œuvre, de suivre et d'évaluer des actions de développement sur leur territoire. Pour cela, la disponibilité des ressources financières est essentielle. Cette autonomie comporte deux dimensions, à savoir celle financière et celle budgétaire. Dans l'exercice de leurs responsabilités, les collectivités doivent avoir cette capacité de « maîtriser » leurs ressources financières en ayant une idée précise des transferts de l'État et de leurs ressources propres (impôts locaux). L'autonomie budgétaire traduite quant à elle, les possibilités qu'ont réellement les collectivités locales à définir leur budget (donc leurs priorités) par l'action d'organes élus, de les mettre en œuvre et d'en être comptables vis-à-vis des populations.

Dans un pays comme la Guinée, l'État pourrait toujours avoir de « bonnes » raisons pour confier des responsabilités aux collectivités locales, mais pas de ressources équivalentes sous prétexte que ces dernières n'auraient pas les capacités de gestion. Un tel raisonnement conduit à cette question essentielle : **Comment les collectivités locales pourraient-elles acquérir ces capacités de gestion sans être mises en « situations réelles »** ? Or, sans une progression réelle vers cette autonomie juridique, technique et financière des collectivités locales vis-à-vis de l'État, l'on ne saurait parler de décentralisation effective. C'est tout l'intérêt de l'expérimentation dans la conduite des politiques publiques pour donner l'opportunité aux décideurs (nationaux et locaux) de disposer d'éléments objectifs pour enclencher des réformes indispensables à la qualification des cadres et pratiques dans la mise en œuvre des politiques publiques. C'est aussi tout l'intérêt des processus de décentralisation qui permettent d'expérimenter une initiative à une échelle réduite (espace, temps, acteurs) pour bénéficier de ce retour d'expériences (efficacité, efficience, participation des acteurs, résultats sur le terrain, capitalisation, opportunités de réplique...). Il est essentiel par exemple d'engager d'importantes initiatives en faisant preuve d'imagination et en expérimentant pour avancer vers une effectivité de la décentralisation en Guinée. Parmi les actions à mener, on peut citer :

- Travailler à promouvoir les intercommunalités pour expérimenter des processus de mutualisation de différentes ressources afin de faire face à des problématiques précises de développement local (gestion de ressources partagées, recouvrement de recettes fiscales, mise en œuvre de projets…),
- Définir le statut des villes avec le processus de métropolisation en cours (organisation, fonctionnement, compétences, ressources…),
- Réformer la fiscalité pour doter les collectivités locales de ressources propres (assiette, recouvrement, gestion des ressources partagées, contrôles…),
- Renforcer les capacités techniques des collectivités locales (création de structures, mise à disposition d'agents de l'État, création d'une fonction publique locale…),
- Améliorer les relations entre autorités locales et déconcentrées.

Ce sont des chantiers énormes en termes d'agenda politique pour faire de la décentralisation une réalité politique, institutionnelle, technique, financière en Guinée. De telles réformes ne seront jamais simples à mener pour des raisons institutionnelles, politiques et sociales. Il est évident que s'engager dans de telles initiatives peut faire émerger des conflits au sein et en dehors de l'État dans une logique de défense d'intérêts propres et/ou catégoriels. Mais, une fois de plus, ces réformes sont indispensables pour permettre à la Guinée de trouver de nouvelles ressources afin d'envisager un processus de développement plus équilibré, en capacité de valoriser ses ressources locales avec une pleine participation de l'ensemble des acteurs et partenaires de son développement. Et, pour y arriver, il faudra, on ne le répétera jamais assez, du courage politique et de l'exercice de responsabilités de l'État, dans les prochaines décennies.

On peut constater par exemple aujourd'hui que de nombreuses collectivités locales dans le monde arrivent à faire émerger et valoriser des ressources spécifiques et à se construire des trajectoires de développement. Cela est possible lorsque les collectivités locales bénéficient d'un contexte national favorable, font preuve d'initiatives, mettent en place une démarche de travail mobilisatrice et s'engagent notamment vers des projets innovants. Il y a dans cet objectif toute une réflexion à amorcer au sein des collectivités locales guinéennes pour permettre à chacune d'entre elles de se positionner, de révéler et valoriser ses ressources et contribuer au mieux au développement national tout en bénéficiant de l'appui nécessaire de l'État (à travers ses institutions, ses partenaires techniques et financiers). C'est cela aussi l'expression au quotidien du principe de la solidarité (un des fondements de la République de Guinée) entre les populations et entre les territoires.

Encadré 11 : Conakry, une ville à repenser

Une des principales réformes institutionnelles demeure la révision du statut particulier qui régit la Ville de Conakry (Ordonnance n° 002/PRG/SGG/89du 5 janvier 1989). Conakry est encore à la fois, une collectivité locale et une circonscription administrative. Cette ville est confrontée à d'immenses défis pour être propre, saine, verte et ouverte au monde. Avec une population de 1 600 000 habitants (14 % de la population) et une superficie de 410 km^2 (0,2 % du territoire national), les besoins sont énormes en termes d'infrastructures socioéconomiques, d'espaces d'épanouissement, d'aménagement urbain, de gestion des relations institutionnelles (avec les communes). Le cadre institutionnel actuel de la ville a atteint ses limites (juridique, technique, opérationnel) et il y a besoin de le faire évoluer. Une telle réforme permet de redéfinir son statut, ses prérogatives, ses ressources et ses relations avec les communes. L'enjeu est vraiment de poser les bases juridiques pour redonner à cette ville capitale les capacités d'agir au quotidien pour répondre aux besoins de ses habitants en termes d'accès aux services publics locaux, comme d'autres villes capitales en Afrique et dans le monde. Il faut noter qu'un important travail est en cours dans ce sens avec la réalisation de l'étude « Grand Conakry vision 2040 »[90] et la mise en œuvre du Programme d'Appui Sectoriel à la Décentralisation et la Déconcentration (PASDD).

C. Repenser le dispositif d'appui à la maîtrise d'ouvrage locale

L'accompagnement des collectivités locales dans la mise en œuvre effective de leurs responsabilités demeure une des conditions majeures de l'ancrage de la décentralisation. Cela passe forcément par la nécessité pour elles de savoir initier, planifier, mettre en œuvre, suivre et évaluer des actions de développement. Pour cela, il est indispensable pour l'État de créer les conditions techniques et financières pour leur venir en appui. Actuellement, c'est l'une des attributions du Service régional d'Appui aux Collectivités et à la Coordination des Interventions des ONG (SERACCO). Une fois de plus, la question de l'appui à la maîtrise d'ouvrage locale est d'une importance capitale dans les processus de décentralisation. L'objectif devrait être pour l'État de trouver les instruments les mieux adaptés dont les collectivités locales peuvent réellement se servir tout en respectant la démarche de décentralisation. Il est important aussi que les collectivités locales soient en capacité juridique de peser en termes de décision d'orientation et de fonctionnement au quotidien sur les instruments mis à leur disposition. Voilà pourquoi la décentralisation est loin d'être simplement une question technique, sa mise en œuvre effective devrait conduire progressivement vers une autonomie des collectivités locales vis-à-vis de l'État. C'est l'un des rôles des instruments d'appui à la maîtrise d'ouvrage locale.

90« Grand Conakry Vision 2040 » est une étude financée par l'Union européenne, en complément du programme d'assistance technique du groupe Louis Berger auprès du Ministère de la Ville et de l'Aménagement du Territoire (MVAT), avec pour objectif d'aider les autorités guinéennes à relancer une politique cohérente de planification et d'aménagement, au niveau national et régional.

Pour le SERACCO, il y aurait aujourd'hui besoin d'approfondir la réflexion sur les statuts, le fonctionnement et les mécanismes d'appui d'une telle structure aux collectivités locales. L'objectif devrait être par exemple à cet échelon de mettre à la disposition des acteurs locaux au premier rang les collectivités locales un instrument qui leur soit propre, dans lequel elles auraient un pouvoir de décision et sur lequel elles pourraient s'appuyer légitimement pour accroître leurs capacités techniques à agir en termes de développement. Un des retours de cette expérience au Sénégal où les ARD assument ce rôle important d'appui technique dans la conduite de multiples actions à l'échelle régionale (appui à la maîtrise d'ouvrage locale notamment), peut pousser à la réflexion sur le dispositif d'appui à la maîtrise d'ouvrage locale en Guinée. Cette expérience du Sénégal pourrait inspirer la Guinée dans la mise en œuvre effective de son processus de décentralisation. Plus globalement, dans la conduite des politiques publiques et singulièrement dans la décentralisation, le partage d'expérience est toujours utile et cette question d'appui à la maîtrise d'ouvrage locale fondamentale. Sans de réels instruments à cet effet, nul doute que les processus s'enliseront au risque de leur remise en question permanente. De telles situations ramènent toujours la décentralisation à sa dimension juridique et administrative (transferts de compétences) ou encore politique (par exemple la conquête du pouvoir local), bref sans impacts notables sur le développement à la base.

Des retours de cette mission au Sénégal, et pour mieux accompagner les collectivités locales, les autres acteurs et partenaires du développement à la base, tout instrument d'appui à la maîtrise d'ouvrage locale devrait être :

- En capacité technique de répondre aux besoins des acteurs locaux et notamment les collectivités dans la conduite de projets de développement (initier, mettre en œuvre, suivre et évaluer). Pour cela, il doit disposer de ressources humaines qualifiées au fait des problématiques et démarche de développement local (appui technique, suivi et coordination, animation),
- Mobilisable par les collectivités locales avec des capacités juridiques et financières de créer et faire vivre cette relation de collaboration au quotidien,
- Légitime avec une reconnaissance des collectivités locales et un droit de contrôle sur l'instrument mis à leur disposition,

- Ouvert avec cette possibilité de nouer différents partenariats techniques et financiers pour mobiliser des ressources au service du développement local.

Ces instruments sont essentiels, on ne le rappellera jamais assez, pour accompagner cette transition entre les transferts de compétences (ressource aussi) de l'État vers les collectivités locales et les capacités réelles de ces dernières à en assumer la gestion effective.

Encadré 12 : Pour une mutualisation des compétences entre les communes rurales

L'appui technique aux collectivités locales et aux acteurs est primordial. Il serait par exemple intéressant de partager des ressources humaines entre plusieurs communes rurales. À titre d'exemple, des communes rurales pourraient se doter d'un même agent de développement dont le rôle essentiel serait de contribuer à l'animation du processus de développement local avec des tâches comme : conseiller les élus, mobiliser les acteurs, appuyer techniquement la mise en œuvre des projets, assurer la fonction de relais entre les collectivités locales et différents partenaires. Il est évident que c'est une chose d'avoir un document de planification à l'échelle locale, il en est une autre de trouver les ressources (humaines, financières, techniques et organisationnelles) afin de mettre en œuvre les actions y inscrites. Ce décalage traduit cette nécessité pour les collectivités locales de disposer d'un minimum de ressources humaines compétentes pour les accompagner dans l'exercice de leurs responsabilités au quotidien (travail administratif et technique, animation, gestion des relations partenariales…).

D. Construire des modèles de développement avec les acteurs locaux

Faire du citoyen un acteur de la conduite des politiques publiques reste l'un des objectifs des processus de décentralisation. Désormais, loin de se contenter d'être informé, ce dernier attend à ce que son avis soit pris en compte et respecté. Il s'agit là d'un changement de paradigme important, car rendant obligatoire pour les pouvoirs publics à tous les échelons territoriaux la création des mécanismes facilitant l'expression et la réalisation de ce désir de participation. La décentralisation appelle à faire pour les populations, mais surtout avec elles. En tant que logique politique, elle devrait faciliter l'éclosion d'initiatives individuelles avec cette possibilité offerte aux citoyens de se regrouper, de faire entendre leurs voix, et ainsi espérer peser sur les choix collectifs. Cette nécessité d'impliquer le citoyen est le substrat de l'émergence du concept de participation. Pour en faire une réalité, ce dernier devrait désormais disposer d'outils pour s'informer, suivre et prendre toute sa place dans la conduite des politiques publiques. Pour y arriver, dans plusieurs pays, des actions sont mises en œuvre sous l'appellation de « *renforcement des capacités de la société civile* » qui contribuent à mieux organiser les populations, à les intégrer dans le processus de prise et d'exécution de la décision publique. Mais impliquer les populations dans la conduite des politiques publiques suppose en amont la création de dispositifs institutionnels facilitant les rencontres et échanges sur des préoccupations partagées et créer ainsi des synergies d'action.

La participation ne saurait tout de même être une fin en soi, mais un moyen de trouver une place au citoyen dans la conduite des politiques publiques dont il est le principal bénéficiaire. Agir dans ce sens contribue inévitablement à l'expérimentation du concept de gouvernance et son application dans la conduite des politiques publiques (identification des besoins, formulation de stratégies et plan d'actions, réalisation d'activités, évaluation et capitalisation). Partout en Guinée, des initiatives citoyennes existent pour chercher à améliorer les conditions de vie des populations. L'enjeu comme rappelé, est pour les pouvoirs publics, quelle que soit l'échelle d'action, de créer les conditions pour mieux accompagner cette énergie au service du développement national. Pour cela, il est important pour les concepteurs de projets et les décideurs publics de prendre en compte au mieux les perceptions des acteurs locaux dans la résolution de leurs problèmes. Comprendre ces réalités, parfois très ancrées (dans les cultures locales), permet de trouver de nouvelles ressources pour y faire face, de créer des espaces de dialogue pour trouver des solutions idoines et de « dimensionner » les projets de développement.

L'objectif ne saurait nullement de prétendre faire face aux besoins des populations via des modèles uniformes partout en Guinée, mais bien de profiter de la diversité des situations pour construire avec les acteurs locaux (collectivités locales, services techniques, entreprises, ONG…) des démarches de travail dans lesquelles ils se reconnaîtront.

À un moment où la défiance est grande entre le politique et le citoyen en Guinée[91], l'impliquer facilite la mobilisation de ses « propres » ressources au service de l'action publique et est source de légitimité. C'est tout l'intérêt pour tout concepteur de projets de développement de poser un bon diagnostic avec les acteurs à la base. Ces derniers ont leurs propres compétences, parfois leurs propres solutions pour faire face à leurs problèmes. Ce sont toutes ces informations que le professionnel devrait récupérer et savoir utiliser pour pouvoir mieux susciter et accompagner des dynamiques endogènes au service de projets de développement. Dans cette mobilisation citoyenne au profit du développement à la base, la diaspora peut jouer un rôle essentiel comme dans d'autres pays en Afrique de l'Ouest (Sénégal, Mali, Burkina Faso…). Dans le cas guinéen, l'accompagnement de cet investissement de Guinéens résidant à l'étranger fait souvent défaut. Or cette diaspora peut mobiliser des savoirs, savoir-faire, des ressources financières et réseaux institutionnels pour accompagner la conduite des programmes de développement en Guinée et sans oublier que cette population de Guinéens vivant ailleurs est l'une des clés de compréhension des dynamiques de développement à la base dans de nombreuses localités en Guinée.

Le développement à la base, contrairement à ce qu'on l'on pourrait imaginer, reste un processus ouvert qui doit être articulé avec les autres échelons de l'action publique. L'exemple du Programme d'Appui aux Initiatives de Solidarité pour le Développement (PAISD)[92]au Sénégal dans ses réalisations et approches de travail illustre les apports d'une diaspora dans la prise en charge des besoins des populations des territoires d'émigration. Ce programme montre aussi le besoin d'accompagnement d'initiatives de citoyens par les pouvoirs publics. À l'image de cette expérience, il y a aujourd'hui beaucoup de dispositifs institutionnels à mettre en place en Guinée pour maximiser les ressources de la diaspora guinéenne au profit du développement à la base. Cet appui des pouvoirs publics permet de structurer les initiatives des citoyens, de les inscrire dans des

91 La réponse à cette défiance qui est réelle non pas qu'en Guinée passera forcément par la conduite de politiques publiques (nationales et locales) capables de répondre aux besoins réels des populations en termes d'améliorations de leurs conditions de vie et de leur ouvrir des perspectives individuelles et collectives. Pour cela, en Guinée, remettre l'État sous toutes ses formes à l'échelle nationale pour fournir des services publics de qualité reste la seule réponse durable à cet effet.

92 http://www.codev.gouv.sn

dynamiques de groupes capables de générer des processus collectifs. À travers ce programme au Sénégal, on voit bien aussi que lorsque les pouvoirs publics écoutent, entendent et appuient les initiatives privées, nombre de solutions peuvent être trouvées dans l'amélioration des conditions de vie des populations. Le citoyen d'aujourd'hui n'est certes pas expert dans nombre de domaines, mais avisé, avec des compétences et de la volonté d'agir. Ces éléments sont indispensables aux pouvoirs publics pour trouver des ressorts d'action et retrouver de la crédibilité vis-à-vis des populations, *in fine*, bénéficiaires de l'action publique.

Dans la réalité, quelles que soient les volontés d'agir des citoyens de l'intérieur ou de l'extérieur de la Guinée, sans un soutien des pouvoirs publics à chaque échelon de territoire (création de cadres légaux, appuis techniques et financiers, appui à la création et à l'entretien de dynamiques d'acteurs), il sera difficile de faire émerger des projets collectifs répondant aux besoins réels des populations. Finalement, avec les processus de décentralisation, les pouvoirs publics (État et collectivités locales) sont appelés à faire différemment, mais une fois de plus, de la qualité de leurs interventions dépendent la capacité de mobilisation et la réalisation des objectifs des autres acteurs (entreprises, ONG, Groupements professionnels...) au profit du développement national.

E. Faire de la coopération décentralisée un levier du développement local

Les collectivités locales guinéennes ont, avec la Lettre de Politique Nationale de Décentralisation et de Développement Local, une opportunité pour s'inscrire durablement dans des partenariats inter collectivités pour faire face aux besoins de développement à la base. Aujourd'hui, les exemples sont nombreux en Afrique où des collectivités locales ou leurs regroupements (communes, départements, région) arrivent à gérer leurs déchets, à se doter d'un réseau de transport public, à créer un service d'état civil performant, à organiser et pérenniser différents activités culturelles, à créer des espaces de vie et détente, à accompagner des dynamiques économiques, à construire des partenariats de coopérations multiples... bref à conduire une action publique locale au service des citoyens. Ces expériences peuvent être utiles à la Guinée et à ses collectivités locales pourvu que ces dernières se donnent les moyens de s'en inspirer en allant à la rencontre de leurs homologues, en s'investissant davantage dans leurs réseaux ou encore en mobilisant des compétences à cet effet. Il est évident que le local et le développement par le bas, même si les États ont encore et toujours un rôle majeur à jouer dans la conduite des politiques publiques font leur chemin. Et, ce mouvement ira croissant au regard des enjeux de développement à l'échelle globale, des limites de la centralisation et cette volonté des populations et des collectivités locales d'être acteurs dans la conduite des politiques publiques. En tant que chargé d'appui à la coopération Isère-Tambacounda-Kédougou de 2009 à 2014, j'ai participé à Africités[93] à Dakar en 2012. À ces occasions, on mesure le poids de l'action locale dans la conduite des affaires publiques. Ce n'est aujourd'hui pas un hasard, si de nombreux bailleurs de fonds internationaux qui traditionnellement travaillaient avec les États, commencent à investir l'échelon local avec cette possibilité de travailler directement avec des collectivités locales. Voilà pourquoi créer les conditions pour un déploiement à l'international des collectivités locales guinéennes est un moyen de promouvoir le développement à la base, et par ricochet, celui national.

Au regard de cette expérience entre le département de l'Isère et les régions de Tambacounda et de Kédougou, on voit bien que cette relation inter collectivités locales se professionnalise, mobilise des compétences et réseaux qui peuvent être utiles aux collectivités locales guinéennes dans leurs initiatives de développement. Au quotidien, ces échanges inter collectivités peuvent déboucher sur des solutions à des préoccupations locales. Il y a à ce niveau de coopération, un potentiel important pour les collectivités locales guinéennes. Et l'exemple de la plateforme entre la préfecture de Kindia et le département de la Loire Atlantique (France) est illustratif de ce que peut apporter cette forme de coopération infranationale au développement[94].

[93]Rendez-vous des autorités locales d'Afrique. Organisé tous les trois ans par Cités et Gouvernements Locaux Unis d'Afrique (CGLU Afrique), cette sixième édition s'est tenue du 4 au 8 décembre 2012 avec pour thème « construire l'Afrique à partir de ses territoires : quels défis pour les collectivités locales ? ».

[94] http://www.cooperation-atlantique.org/

Alors concrètement, comment faire de la coopération décentralisée, un levier du développement local ? Comme toute politique publique, nous pouvons agir au moins à deux niveaux, à savoir :

Sur le plan stratégique :

- Définir un arsenal juridique clair pour favoriser la création et le développement de partenariats de coopération décentralisée,
- Renforcer les capacités des structures nationales pour aider les collectivités locales à s'inscrire durablement dans de tels partenariats coopération,
- Renforcer les capacités des réseaux des collectivités locales pour s'investir dans la promotion de la décentralisation à l'intérieur et à l'extérieur,
- Promouvoir la politique nationale de la décentralisation dans divers pays et réseaux de collectivités locales (déplacement, rencontres avec des élus et techniciens, information et communication autour de la politique enclenchée…),
- Favoriser le partage d'expérience avec des pays notamment de la sous-région ouest-africaine.

Sur le plan opérationnel :

- Créer et faire vivre des espaces d'échange et de partage d'expériences autour de la coopération décentralisée,
- Créer et faire vivre des espaces d'échange entre services techniques de l'État et les collectivités locales et/ou leurs réseaux,
- Créer et mettre à la disposition, des outils techniques pour accompagner les collectivités locales dans la construction et la mise en œuvre de leurs partenariats de coopération décentralisée,
- Définir et mettre en place un rendez-vous de partage et d'échanges d'expériences autour de la coopération décentralisée pour promouvoir cette politique locale à l'échelle nationale.

Agir ainsi, permet de rendre opérationnelle la volonté politique affichée, de créer une dynamique institutionnelle autour de la coopération décentralisée. Il faudra sans nul doute beaucoup de temps pour que les objectifs affichés dans la lettre de politique nationale soient opérationnalisés, mais les collectivités locales guinéennes ont un grand besoin d'être soutenues techniquement et financièrement dans cette démarche de mise en place de partenariats de coopération décentralisée. Aujourd'hui, constat peut-être fait d'une faible ouverture à l'international des collectivités locales guinéennes, même si « *plusieurs collectivités locales guinéennes se sont engagées dans des formes diversifiées de coopération décentralisée : 18 communes urbaines sur 38 (soit un taux de 47 %) et 45 communes rurales sur 304 (14 %)* »[95].

Au-delà de ces chiffres ou de ces taux, ce sont les projets et programmes développés (incitatives prises, démarches mises en œuvre, résultats obtenus sur le terrain) qui pourraient intéresser en termes d'analyse sur l'impact du développement à l'échelle des territoires concernés. Sur le terrain, peu de coopérations décentralisées sont en réalité effectives entre des collectivités locales guinéennes et étrangères d'Afrique et d'ailleurs comparativement à plusieurs pays de la sous-région ouest-africaine (Sénégal, Mali, Burkina Faso...). Et pourtant, les besoins en matière de politiques publiques de proximité sont réels par exemple dans les communes urbaines et communes rurales partout en Guinée[96]. Il est évident que pour relever ces défis notamment dans les communes urbaines du pays, beaucoup d'efforts (organisationnels, techniques et financiers) seront nécessaires pour concevoir une vision en la matière, définir une stratégie, bâtir une démarche de travail et des programmes d'actions. Une politique de coopération décentralisée se conduit avec des ressources humaines qualifiées, des ressources financières et un dispositif organisationnel que les mécanismes d'appui à la maîtrise d'ouvrage locale peuvent aider à mettre en place et accompagner. Ces éléments sont essentiels pour créer et entretenir une relation de partenariat entre collectivités locales. Ce sont là des impératifs auxquels devront faire face les collectivités locales guinéennes pour s'inscrire dans de telles dynamiques de partenariats. Ainsi, on peut espérer faire de la coopération décentralisée un levier de développement local. C'est dire une fois de plus que ce dialogue État collectivités locales est essentiel

---

[95]Ministère de l'Administration du Territoire et de la décentralisation *(2016)*, « Programme d'Appui Sectoriel à la Décentralisation et Déconcentration », devis programme de la croisière n° 1, p.11.

[96]On peut citer l'accès à l'eau, à l'éducation, à la santé, à un environnement sain ou encore la création et l'animation d'espaces socioéducatifs dédiés aux enfants et/ou aux jeunes sans oublier bien évidemment la création d'activités génératrices de revenus pour valoriser des ressources locales et faire face à la question de l'emploi notamment des jeunes.

dans la mise en œuvre de la politique de décentralisation. De la qualité de ces échanges dépendra aussi la capacité pour les collectivités locales à saisir des opportunités de développement au profit de leurs territoires et populations.

F. FORMER DES HOMMES AU SERVICE DU DÉVELOPPEMENT LOCAL

Approfondir la décentralisation appelle à une réorientation profonde du système d'enseignement et de formation en Guinée par la mise en place de cursus débouchant sur des métiers du développement local. Les processus de décentralisation, de par les changements profonds (structurels) qu'ils peuvent occasionner dans les comportements des différents acteurs, nécessitent la disponibilité de ressources humaines qualifiées capables de porter et d'accompagner ces mutations dans la promotion du développement national via les échelons infranationaux. Faire du développement local requiert la définition d'une vision et des stratégies, la réalisation de diagnostics, la recherche de financements, la création et l'animation de cadres d'échanges multiacteurs, la mise en place de mécanismes de suivi-évaluation, la capitalisation… Toutes ces phases dans la gestion d'un projet/programme de développement mobilisent de multiples acteurs, nécessitent une organisation, de la méthode, des savoir-faire entre autres. Le système d'enseignement et formation devra répondre à de tels besoins en s'inscrivant dans une approche proactive avec cette capacité de fournir à l'économie nationale, des ressources humaines qualifiées au service du développement. Et au-delà de cursus spécialisés centrés sur la formation d'agents de développement ; économistes, juristes, ingénieurs, architectes, administrateurs, urbanistes, gestionnaires, politistes, communicants… ont besoin d'un complément de formation aux mécanismes et à la dynamique du développement local.

Contrairement à ce que l'on peut imaginer, faire du développement à l'échelle locale n'est pas chose aisée et suppose la mobilisation de compétences à la fois techniques et managériales pour imaginer des chemins possibles, révéler des ressources disponibles, savoir les combiner pour en extraire des agendas capables de répondre à des besoins exprimés par les populations. Il s'agit d'un travail souvent complexe où des profils de généralistes et de spécialistes sont très recherchés pour des missions d'études, de conseils et d'exécution de projets au profit des collectivités locales. Ce qui ouvre d'énormes possibilités de formation et d'emploi, tant les besoins des populations sont insatisfaits en Guinée à l'échelle locale. Comme rappelé, dans toutes les communes (urbaines et rurales) de Guinée, il y a des besoins aigus en transports, logements, adduction d'eau, espaces verts, centres de loisirs, écoles, bibliothèques, structures de santé que de nouvelles compétences devront satisfaire. L'exemple de Conakry, ville capitale, montre à quel point le développement devrait être pensé et planifié dans le temps et l'espace. Ces besoins réels aujourd'hui seront comblés par des ressources humaines qualifiées avec des divers profils pour proposer aux décideurs des solutions d'ensemble, intégratrices, prenant en compte des corrélations entre différents aspects. De tels exercices permettent de trouver de la cohérence dans l'action, d'imaginer et mettre en œuvre des politiques publiques locales et efficaces au service des citoyens.

Une ville, c'est une question d'aménagement urbain, de développement économique, de préservation de ressources naturelles, de cohabitation sociale, d'histoire, de patrimoine… Et, il est important que toutes ces dimensions soient prises en compte au mieux pour créer des espaces durables, avec une identité qui parle aux citoyens. Plus généralement, au niveau local, chaque situation est spécifique. En réalité, si des problématiques locales (gestion de déchets, aménagement urbain, accès à l'eau, préservation de ressources…) étaient faciles à traiter, nul doute que des solutions idoines auraient déjà été trouvées et dupliquées. Or, c'est le contraire. Cette expérience dans la conduite de plusieurs politiques publiques à l'échelle locale dans les régions de Tambacounda et de Kédougou a permis de tirer une leçon : la nécessité de prendre en compte plusieurs facteurs (économiques, sociaux, culturels, psychologiques…) pour arriver à proposer des solutions qui tiennent la route en relation avec les acteurs locaux pour faire face à leurs besoins. Travailler à cette échelle fait appel à beaucoup de compétences, car liant les niveaux stratégique et opérationnel. C'est à ce niveau que l'on trouve des réflexions telles que « **Ce qui a été décidé est bien, mais est-ce que ça marche ici ?** » ou encore « **C'est bien, mais est-ce que ça répond à nos besoins ici ?** » Voilà la raison pour laquelle l'acquisition des compétences doit être au cœur des processus de décentralisation. Aujourd'hui, dans des universités, on note la création d'une « concentration » appelée « Développement communautaire » en troisième année dans des parcours de sciences humaines et sociales sans oublier la mise en route de Masters autour de la gestion de projets de développement.

Cette tentative de prise en compte du « local » dans la formation d'étudiants est un pas, mais une fois de plus, le développement par le « bas » fait appel à des cadres, techniciens, agents d'exécution et ce, dans de multiples domaines ; donc autant d'opportunités à saisir pour les *primo* apprenants (étudiants) voire d'actifs dans le domaine.

Ces arguments militent pour un changement profond et une ouverture du système d'enseignement et de formation en Guinée pour mieux intégrer ces nouveaux besoins de sociétés en pleine mutation. Aller vers cet objectif suppose par exemple la mise en place de partenariats avec différentes structures de formation et d'enseignement de l'étranger pour proposer des formations et des *curricula* capables d'alimenter le marché de l'emploi guinéen en cadres et techniciens pour accompagner les collectivités et les autres acteurs qui s'investissent dans le développement local. L'autre enjeu reste aussi le développement de la formation continue pour doter notamment les administrations centrales de l'État et les services déconcentrés, de compétences nouvelles en matière d'ingénierie de projets, de suivi et de coordination des actions de développement à l'échelle locale. De telles compétences « nouvelles » permettraient à ces agents de l'État, acteurs majeurs de la réussite d'un processus de décentralisation d'être mieux outillés pour accompagner les collectivités locales dans la conduite de leurs initiatives de développement.

G. QUELS RÔLES POUR LES PARTENAIRES TECHNIQUES ET FINANCIERS[97] DE LA GUINÉE ?

La décentralisation reste un processus long, coûteux et semé d'embûches. Cette expérience de trente (30) ans de la Guinée permet de tirer quatre leçons :

- Aucune réforme ne devrait être considérée comme un acquis pour toujours,
- La volonté politique ne devrait faillir tant à l'échelle nationale que locale,

[97]Ils désignent l'ensemble des structures et institutions qui sont en relation avec un pays qui accompagnent ce dernier sur le plan technique (mobilisation de l'expertise) et financier (financement direct et/ou indirect) dans la conception, la mise en œuvre, le suivi évaluation de ses politiques de développement. Ils sont composés des agences de développement, de système des Nations Unies, des institutions financières, des organismes multilatéraux…

- La mobilisation des acteurs et partenaires devrait rester une constante,
- L'ineffectivité des dispositifs techniques et financiers d'appui aux collectivités locales paralyse tout processus de décentralisation.

Dans cette aventure en Guinée, les partenaires techniques et financiers peuvent jouer un rôle important qui est transversal. Plusieurs d'entre eux s'investissent déjà dans la politique nationale de la décentralisation en accompagnant l'État dans sa définition et sa mise en œuvre. Toujours est-il que les partenaires techniques et financiers peuvent faciliter le dialogue entre l'État et les collectivités locales, ils peuvent aussi agir directement avec les collectivités locales en apportant un soutien technique et financier à la réalisation des initiatives de ces dernières. Cette relation directe avec les collectivités locales a du sens dans la mesure où la décentralisation est aussi une question d'approche dans la prise en charge des problématiques du développement. Privilégier une approche que l'on pourrait qualifier de décentralisatrice aide à faire évoluer les pratiques de l'État, à consolider les acquis. Désormais, il faudrait par exemple, qu'à chaque fois qu'un représentant de l'État est appelé, que lui corresponde un représentant des populations à la base, à savoir l'autorité locale. C'est aussi en renforçant la légitimité des autorités locales que l'on contribue à faire vivre au quotidien le processus de décentralisation. « *Une démarche décentralisatrice purement juridique et administrative, ne pourrait prétendre produire du développement local. Bien des analyses sur différents espaces urbanisés, notamment en Afrique, en Amérique du Sud ou encore en Inde, ont mis en évidence que les avancées des processus institutionnels pouvaient ne pas avoir d'impact suffisant sur les dynamiques locales, renvoyant à un nécessaire « réajustement », des contenus des politiques, de leur mode d'application, de leur appropriation effective* »[98]. Cette remarque est essentielle et devrait davantage être prise en compte par

---

[98]DEBERRE Jean Christophe (2007), « Décentralisation et développement local », *Afrique Contemporaine*, n° 221, p.46.

l'ensemble des acteurs dans la mise en œuvre du processus de décentralisation en Guinée.

Dans l'effectivité de la décentralisation en Guinée, les partenaires techniques et financiers peuvent aider à :

- Faire un plaidoyer politique autour de la politique de décentralisation,
- Développer une approche décentralisatrice dans leurs interventions,
- Appuyer la structuration des réseaux de collectivités locales,
- Promouvoir des partenariats multiples au profit des collectivités locales guinéennes pour favoriser les échanges et les transferts de connaissances, de compétences et d'expériences,
- Faciliter la mobilisation de partenaires publics et privés (universités, écoles, entreprises, ONG, collectivités locales…) pour accompagner le processus de décentralisation en Guinée,
- Contribuer au renforcement des capacités de l'État pour qualifier le processus de déconcentration afin de mieux accompagner la décentralisation.

Il est évident que ces différents éléments mis bout à bout constituent finalement tout un programme d'appui au processus de la décentralisation. Des actions dans ce sens sont mises en œuvre aujourd'hui avec l'implication de plusieurs partenaires techniques et financiers[99], même si une fois de plus, en matière de conduite des politiques, il est toujours possible de faire mieux et notamment dans la qualité de la démarche employée. Il s'agit finalement dans le cadre de la décentralisation, d'inscrire davantage les actions dans la cohérence et aussi faire en sorte que chaque acteur joue pleinement son rôle. Cela prendra certainement beaucoup de temps et de ressources, mais au regard des enjeux, en matière de développement et de gouvernance des politiques publiques en Guinée, la mobilisation de tous les acteurs y compris donc les partenaires techniques et financiers est sollicitée et souhaitée. Promouvoir aujourd'hui la décentralisation passera par des réformes d'ensemble, multisectorielles, chose impossible sans la mobilisation et l'implication pleine et entière de tous.

---

[99] C'est le cas du Programme d'Appui aux Communautés Villageoises (Banque Mondiale, Agence française de Développement…) et du Programme d'Appui Sectoriel à la Décentralisation et Déconcentration (Union européenne…).

Ancrer la décentralisation en Guinée revient finalement à mobiliser acteurs et partenaires au développement du pays tant ces processus restent transversaux, ouverts et complexes. Pour réussir ce pari et territorialiser ses politiques publiques, l'État est appelé à conduire d'importantes réformes (institutionnelles, politiques, économiques et financières) et aura besoin d'un appui conséquent de ses partenaires techniques et financiers.

CONCLUSION DE LA CINQUIÈME PARTIE :

La Guinée est aujourd'hui à la croisée des chemins en matière de décentralisation. Entamée, il y a trente (30) ans, des acquis ont certes été posés en matière de décentralisation et de développement local, mais les freins restent encore importants pour bénéficier des impacts attendus de l'option politique contenu dans le discours du 22 décembre 1985. La Volonté politique de l'État est renouvelée avec l'adoption d'une nouvelle lettre de politique nationale en la matière en 2012. De par son contenu, elle affiche clairement la volonté, les ambitions, même si une fois de plus, des efforts importants seront nécessaires de la part des acteurs, mais surtout de l'État en termes de réformes politiques et institutionnelles. Chaque acteur du processus est ainsi appelé à faire évoluer ses logiques d'action et ses pratiques de terrain pour promouvoir le développement par le « bas », c'est-à-dire par les territoires pour mieux répondre aux défis de la stratégie nationale de développement. En réalité, opter pour la décentralisation revient finalement pour l'État à s'engager dans une dynamique de réforme profonde et globale, à opérer une mutation profonde dans son déploiement avec le développement de cette culture de partage des responsabilités et des ressources avec les collectivités locales (dotées de personnalité morale et d'autonomie financière) dans la conduite de l'action publique. Dans la situation actuelle de la Guinée en 2017, le développement des territoires est loin d'être quelque chose d'anodin. Il s'agit avant tout d'un enjeu :

- **Politique** : rééquilibrer l'exercice du pouvoir avec l'arrière-pays et créer un cadre d'action pour mieux adapter les politiques publiques aux réalités locales,
- **Économique** : travailler à (re) trouver les voies et moyens pour révéler et/ou valoriser les différentes ressources que recèle le pays,
- **Social** : créer les conditions pour lutter efficacement contre les inégalités entre les territoires et entre les populations pour un meilleur vivre ensemble,
- **Démocratique** : faciliter les formes d'expression, de mobilisation et d'implication des populations autour du développement local et national.

Ce sont les raisons qui devront pousser à travailler pour un ancrage du processus de la décentralisation en Guinée. Aller dans ce sens permet de créer des opportunités pour tous, de faire face au défi de la défiance du citoyen vis-à-vis du politique, de s'inscrire dans des mécanismes de révélation et de valorisation de ressources locales… et finalement aussi de faire de l'équité un des principes d'action de la politique publique.

CONCLUSION GÉNÉRALE

En Afrique, les processus de décentralisation ont fait irruption dans le débat public à partir des années quatre-vingt. Ils sont apparus comme une réponse possible aux difficultés que rencontraient les États dans la mise en place de véritables stratégies de développement, à même de réduire durablement la pauvreté, tout en impliquant les populations. Les processus de décentralisation sont aussi considérés comme une rupture par rapport à une conception de la politique qui voudrait que l'État central soit le seul maître à bord, concevant, mettant en œuvre, évaluant l'action publique. Ils sont par ailleurs vus comme une réponse à la nécessaire mobilisation du citoyen dans la conduite des politiques publiques. Désormais, dans cette nouvelle optique, dans un contexte international mouvementé, et dans le prolongement du discours de la Baule (dans l'espace francophone) liant aide publique au développement et démocratie ; plusieurs États s'engagent non sans contraintes parfois dans la redéfinition du champ de l'espace public. À leurs côtés, apparaissent des acteurs à l'échelle infranationale dotés de prérogatives juridiques et de ressources financières pour promouvoir le développement en partant du « bas ». Ces acteurs sont des collectivités locales qui ont pour mission essentielle la promotion du développement à la base, la mobilisation des acteurs de leur territoire dans la recherche de solutions pour faire face aux besoins exprimés par les populations.

En Guinée, après 26 ans de centralisme politique aux conséquences désastreuses tant pour l'économie que pour l'implication libre des citoyens dans les affaires publiques, l'option de la décentralisation fut affirmée lors du discours-programme du 22 décembre 1985. Un tournant venait ainsi d'être franchi dans cette volonté de changer la manière d'imaginer la conduite des politiques publiques. Par ailleurs, la décentralisation en France et au Sénégal vécue dans la collaboration avec le département de l'Isère entre 2008 et 2014 à travers l'expérience de la coopération décentralisée Isère-Tambacounda-Kédougou montrent à suffisance que ces processus restent longs, coûteux et nécessitent une mobilisation constante des acteurs concernés. Un autre retour de cette expérience est que l'accompagnement des collectivités locales dans l'exercice de leurs responsabilités est fondamental pour faire de la décentralisation, une réalité sur le terrain. Dans cet objectif, la coopération décentralisée en tant qu'élément d'appui à la maîtrise d'ouvrage locale a un rôle primordial à jouer, notamment dans les pays du Sud. Cet accompagnement doit être multiforme et continu pour renforcer capacités institutionnelles des collectivités locales pour agir au quotidien dans la promotion du développement à l'échelle infranationale.

Car, une fois de plus, les processus de décentralisation sont mobilisateurs et inspirent confiance aux acteurs et partenaires du développement dans nombre de pays en Afrique, essentiellement au Sud du Sahara. Plus globalement, à travers les débats que la décentralisation suscite, on se rend bien compte qu'elle est l'objet de constants équilibres politiques et une remise en cause des acquis voire un « retour » en arrière n'est jamais exclu. L'exemple de la Guinée est illustratif à ce propos tant les résultats atteints trente (30) ans après, sont en deçà des attentes. Les défis pour la Guinée restent importants, en témoigne le contenu de la nouvelle lettre de politique nationale adoptée en 2012, véritable feuille de route pour les prochaines décennies. Ceci étant, il n'est en réalité nullement question de considérer la décentralisation comme la solution miracle à tous les problèmes que traverse l'État en Afrique. Néanmoins, des exemples, au Sénégal et même en Guinée, montrent que les processus de décentralisation peuvent être porteurs de développement à la base, qu'ils restent un cadre d'éclosion d'initiatives individuelles et collectives. Ils appellent certes l'État à revoir ses logiques de déploiement, à promouvoir une approche partenariale dans la prise en charge des besoins réels des populations, mais lui redonne du sens et de la légitimité.

Pour être effective, la décentralisation nécessite des engagements forts. Engagement tout d'abord politique de l'État à œuvrer pour des réformes institutionnelles et politiques qui posent un cadre d'action qui devra être capable de mobiliser et sécuriser les investissements des acteurs et partenaires d'un tel processus. Engagement citoyen par la disponibilité des populations et/ou de leurs représentants à travailler avec des acteurs publics et privés pour créer et faire vivre des dynamiques de développement à l'échelle locale. Engagement des partenaires au développement dans les pays du Sud à promouvoir une approche décentralisatrice dans leur appui à la conduite des politiques publiques nationales. Sans cette disponibilité des acteurs et leur capacité à faire évoluer leurs propres pratiques, les processus de décentralisation malgré leurs effets potentiels attendus en termes de développement seront constamment remis en cause. Ces processus sont certes longs et difficiles au regard des changements profonds qu'ils appellent, mais ils restent un cadre de création de dynamiques de développement par les territoires où les acteurs locaux devront prendre toute leur place dans la conduite des politiques publiques. C'est ce processus politique qui est réengagé en Guinée avec la Lettre de Politique Nationale de la Décentralisation et du Développement Local, véritable agenda politique de développement pour les prochaines décennies.

BIBLIOGRAPHIE

- **Ouvrages**

CONDE Alassane (2003), « La Décentralisation en Guinée, une expérience réussie », *L'Harmattan.*

DAFFLON Bernard et MADIÈS Thierry (2008), « Décentralisation : quelques principes issus de la théorie du fédéralisme financier », Notes et documents, *Agence française de développement.*

FERGUENE Améziane et *alii* (2004), « Gouvernance locale et développement territorial, le cas des pays du Sud », *L'Harmattan.*

LAPEZE Jean et *alii* (2007), « Apport de l'approche territoriale à l'économie du développement », L'*Harmattan.*

Ministère de l'Administration du Territoire et de la Décentralisation (Guinée), « Lettre de Politique Nationale, de Décentralisation et de Développement Local », (2014), *L'Harmattan Guinée.*

- **Rapports/Études**

Agence française de Développement et Banque Mondiale (2011), « l'économie politique de la Décentralisation dans quatre pays subsahariens, Burkina Faso, Sénégal, Ghana et Kenya », *Collection Recherches,* n° 3. www.afd.fr.

Banque africaine de Développement (2011), « Document de Stratégie-Pays (Guinée), (2012 – 2016), Département régional Ouest 2 (ORWB) ». *Banque africaine de Développement.* www.afdb.org

F3E et ACDIL (2008), « Évaluation de la coopération décentralisée entre le Conseil général de l'Isère et le Conseil régional de Tambacounda », Rapport Général.

F3E et *alii* (2008), « Guide et Méthodologie, améliorer la qualité d'une politique publique de coopération décentralisée ». www.f3e.asso.fr

F3E et *alii* (2009), « Accompagner les collectivités territoriales du Sud dans la gouvernance de leur territoire. Comment la coopération décentralisée peut-elle renforcer les capacités de maîtrise d'ouvrage des collectivités partenaires ? », www.f3e.asso.fr.

F3E (2002), « le suivi d'un projet de développement : démarche, dispositif, indicateurs », www.f3e.asso.fr.

Ministère de l'Administration du Territoire et de la décentralisation *(2016), «* Programme d'Appui Sectoriel à la Décentralisation et Déconcentration », document de travail, devis programme de la croisière n° 1.

Ministère des Affaires étrangères et du Développement international (2016), « Statistiques relatives aux différentes formes de volontariats soutenus par le Ministère des Affaires étrangères et du Développement international, Année 2015 », Note de synthèse, www.diplomatie.gouv.fr.

Ministère des Affaires étrangères et du Développement international (2016), « Diplomatie et territoires : pour une action extérieure démultipliée, 21 propositions pour un nouveau partenariat MAEDI/Collectivités territoriales », www.diplomatie.gouv.fr.

- **Articles**

DEBERRE Jean Christophe (2007), « Décentralisation et développement local », *Afrique Contemporaine*, n° 221.

GONTCHAROFF Georges (2009), « Les ingrédients du développement local, le Beaufortin » *in* « Dix territoires, d'hier et d'aujourd'hui pour mieux comprendre le développement local », *Revue Territoires.*

HUSSON Bernard (2000), « La coopération décentralisée, légitimer un espace public local au Sud et à l'Est *», CIEDEL.*

JANIN Claude et *alii,* (2012), « Notion de compétence, clé de l'ingénierie territoriale », symposium les Chemins du Développement territorial, Clermont-Ferrand, 19-21 juin 2012.

LAPEZE Jean (2007), « Animation du territoire et collectivités territoriales, fonctions et tâches » *in* Lapèze Jean et *alii* « Eléments d'analyse sur le développement territorial *:* aspects théoriques et empiriques *», L'Harmattan.*

PECQUEUR Bernard (2007), « L'économie territoriale, une autre analyse de la globalisation », *L'économie Politique*, n° 33.

- **Textes de loi, décrets et Ordonnances**

Loi du n° 2013-10 du 28 décembre 2013 portant Code général des collectivités locales au Sénégal.

Loi portant Code des collectivités locales en République de Guinée (2006).

Loi n° 96-06 du 22 mars 1996 portant Code des collectivités locales au Sénégal.

Décret n° 2012–106 fixant les modalités d'organisation et fonctionnement des Agences régionales de Développement au Sénégal du 18 janvier 2012.

Ordonnance n° 002/PRG/SGG/89 du 05 janvier 1989 portant Statut Particulier de la Ville de Conakry

- **Documents relatifs à la coopération Isère-Tambacounda-Kédougou**

DIALLO Boubacar Sidighi, (2008), « Le rôle et la place des institutions au Sud dans les projets de coopération décentralisée, le cas de la coopération Isère-Tambacounda », Mémoire de Master professionnel.

GELY Mary (2010), « Les modalités de suivi des partenariats de coopération décentralisée : Le cas des partenariats du Conseil général de l'Isère avec le Conseil régional de Tadla-Azilal (Maroc), les Conseils régionaux de Tambacounda et Kédougou (Sénégal), la Préfecture du Guégharkunik (Arménie) », Mémoire de Master Professionnel.

Cahier de la coopération décentralisée pour un développement durable, 2010.

Charte de la coopération décentralisée pour le développement durable, 2008.

Guide de Recommandations « coopération décentralisée et développement durable », 2008.

Programme mutualisé d'appui à la gouvernance locale pour le développement durable Conseil général de l'Isère – Conseil régional de Tambacounda – Conseil régional de Kédougou pour les périodes 2010-2012 et 2013-2015.

Documents juridiques, techniques et de communication (conventions, protocoles techniques de travail, rapports de travail, fiches de suivi des missions, comptes rendus de missions, brèves de la coopération, lettres du Boundou...).

- **Sites Internet**

	Site internet
Structures publiques	www.isere.fr www.ardtamba.org, www.ansd.sn www.un.org/sustainibledevelopment/fr www.vie-publique.fr www.developpement-durable.gouv.fr http://www.ambafrance-sn.org/ http://www.cooperationdecentralisee.sn/ https://eeas.europa.eu/delegations/guinea_fr http://www.servicepublic.gouv.sn http://www.cneap-isere.fr/ www.diplomatie.gouv.fr http://www.cooperationdecentralisee.sn/ http://www.villedesaintlouis.com, www.villededakar.org, www.mairiederufisque.org
	http://1ruche3pintades.over-blog.com/ www.amd-france.over-blog.org/

ONG/Associations/ personnel	www.icd-afrique.org www.cooperation-atlantique.org/ www.resacoop.org www.scd.asso.fr www.syndicat-apicole-dauphinois.org/ www.tetraktys-association.org www.reserve-boundou.com www.culturesailleurs.com www.isere.planning.familial.com www.Sos-racisme.org www.laligue38.org www.acroterre.org www.culture-developpement.asso.fr www.destination-senegaloriental.com/ www.adequations.org
Projets/programmes /Autres structures	www.afriquelocale.org/fr/ www.ciedel.org http://www.pndl.org/ www.codev.gouv.sn www.paysbassari.com www.adl.sn

Index des illustrations

Tableaux

Encadrés

TABLE DES MATIÈRES

Guinée-Conakry
aux éditions L'Harmattan

Dernières parutions

LA DICTATURE, MODES D'EMPLOI
Bari Nadine
L'auteur offre un panel de réactions à la dictature, où l'humour côtoie l'impuissance, le déni ou le devoir. L'ouvrage dresse un portrait de la nature humaine dans sa complexité. Ce petit manuel a pour ambition de lutter contre l'amnésie de tout un peuple, afin de ne pas perpétuer «la culture du silence», qui aboutirait à refaire l'Histoire. Ces flammèches d'espoir échappées de l'âme guinéenne devraient aider à souder la Guinée.
(Harmattan Guinée, 16.50 euros, 150 p.)
ISBN : 978-2-343-13031-6, ISBN EBOOK : 978-2-14-004652-0

HISTOIRE POLITIQUE ET SOCIALE DE LA GUINÉE
De 1958 à 2015
Aliou Diallo Elhadj Mamadou
De l'Indépendance au régime contesté d'Alpha Condé, de ses élans de liberté aux désillusions d'un peuple manipulé, des élections libres aux ingérences étrangères, l'auteur revient avec cette étude, aussi critique que documentée, sur près de soixante ans d'histoire guinéenne, émaillée de tromperies et de défis truqués, dressant le portrait d'un pays à la démocratie aujourd'hui encore balbutiante.
(15.50 euros, 142 p.)
ISBN : 978-2-343-12602-9, ISBN EBOOK : 978-2-14-004474-8

LE CNDD, LA TRANSITION ET MOI
Témoignage d'un ministre de la République
Sano Koutoubou Moustapha
Actuel ministre et conseiller diplomatique du président de la République de Guinée-Conakry, et témoin d'événements politiques majeures en Guinée, l'auteur nous livre ses Mémoires. De l'avènement du Conseil national pour la démocratie et le développement suite à la prise de pouvoir par la junte militaire, jusqu'à la formation d'un gouvernement d'Union nationale de transition, il relate son expérience et sa contribution à l'achèvement de cette transition politique.
(Harmattan Guinée, 19.00 euros, 196 p.)
ISBN : 978-2-343-12679-1, ISBN EBOOK : 978-2-14-004425-0

MA GUINÉE PLURIELLE
Chroniques d'une Guinée ineffable à partir d'un blog
Sow Alimou
Dans cet ouvrage, nous côtoyons, de texte en texte, parfois dans le même, la pauvreté, la violence, la corruption, la gabegie, le népotisme, l'ethnocentrisme, l'incivisme... Tous ces maux qui rongent les États africains, du moins la majorité, depuis les soleils des indépendances qui, ayons le courage de l'affirmer, peinent encore à briller. Loin de tomber dans le pessimisme, l'auteur teinte d'une bonne dose d'optimisme chacune des situations qu'il peint.
(Harmattan Guinée, 26.00 euros, 260 p.)
ISBN : 978-2-343-12006-5, ISBN EBOOK : 978-2-14-003550-0

LES ENSEIGNANT(E)S DE L'ÉDUCATION DE BASE EN GUINÉE
Professionnalisation et professionnalité
Diané Baba - Préface de Damantang Albert Camara
Le présent ouvrage fait une analyse prospective de la formation des enseignant(e)s de l'éducation de base qui œuvrent dans les écoles primaires. Il met en évidence l'analyse de la situation et les tendances de la formation des instituteurs en Afrique subsaharienne.
(Harmattan Guinée, 24.00 euros, 242 p.)
ISBN : 978-2-343-12032-4, ISBN EBOOK : 978-2-14-003616-3

GOUVERNANCE ET COOPÉRATION INTERNATIONALE EN ÉDUCATION
Le cas de la Guinée
Barry Mamadou Billo
Avec le libéralisme triomphant qui gagne le domaine de l'éducation, cet ouvrage apporte un éclairage sur les fondements de cette nouvelle pensée et aborde les problématiques de la coopération internationale dans la réforme éducative initiée en Guinée. Il explore les défis et les enjeux de gouvernance de l'école guinéenne au regard de la diversité des acteurs, en rappelant comment la dépendance aux financements extérieurs aura affecté l'autorité de l'État face aux nouveaux venus, au nom du néolibéralisme.
(Coll. Études africaines, 27.50 euros, 266 p.)
ISBN : 978-2-343-11741-6, ISBN EBOOK : 978-2-14-003613-2

INTRODUCTION AU N'KO
Une alternative linguistique pour l'Afrique
Conde Nafadji Sory
Le n'ko, élaboré en 1949 par le scientifique guinéen Soulemana Kanté (1922 - 1949) est une écriture qui poursuit son développement et son adaptation à la modernité. Cet ouvrage aborde ses origines, le travail scientifique de son fondateur ainsi que les aspects organisationnels, littéraires, linguistiques, technologiques, thérapeutiques et philosophiques du mouvement culturel qu'il a engendré en Afrique de l'Ouest.
(Coédition Presses de l'Université Kofi Annan, Harmattan Guinée, 24.00 euros, 220 p.)
ISBN : 978-2-343-11983-0, ISBN EBOOK : 978-2-14-003549-4

LE PAYS DE BAFILABEN OU LA DESTINÉE DE DEUX ROYAUMES
Roman
Koulibaly Ibrahima Kalil
L'auteur de ce roman nous plonge dans l'univers épique et dramatique de l'Afrique précoloniale où la destinée divise deux royaumes frères (Basando et Badoula). Malgré les vicissudes de l'histoire et les intrigues de palais, l'amour d'un prince et d'une princesse aura finalement raison des querelles ancestrales. Au-delà du récit narré, l'auteur peint symboliquement sa vision de l'Afrique actuelle en rédigeant entièrement en n'ko.
(Coédition Presses de l'Université Kofi Annan, Harmattan Guinée, 17.50 euros, 163 p.)
ISBN : 978-2-343-11984-7, ISBN EBOOK : 978-2-14-003551-7

EMBARQUEMENT POUR CONAKRY
Capitale mondiale du livre 2017 – Le plus grand événement culturel mondial de l'année
Sous la direction de Oumar Sivory Doumbouya, Isabelle Da Piedade et Jean-Célestin Edjangué – Préface de Gaston Kelman
Conter, raconter, retracer, illustrer, dire, écrire, témoigner... Consigner pour la postérité, pour la culture... À l'origine de cet événement culturel au retentissement international, un projet porté par un grain de folie : les «72 heures du livre de Conakry», lancé en 2009. La conviction, soutenue par l'UNESCO, que le livre est un support éducatif, un témoin inoxydable qui ravive la mémoire, impulse le développement économique, social, technologique, environnemental, culturel, sportif, tout en étant une arme pour la paix, est au centre de l'événement. Cet ouvrage est le témoignage d'une aventure humaine exceptionnelle qui atteint un point culminant en 2017.
(Harmattan Guinée, 22.50 euros, 262 p.)
ISBN : 978-2-343-11832-1, ISBN EBOOK : 978-2-14-003388-9

SOCIOLOGIE GÉNÉRALE OU LES SCIENCES SOCIALES EN N'KO

Conde Nafadji Sory

Sociologie générale ou les sciences sociales en n'ko est un ouvrage de vulgarisation de la discipline sociologique en langue mandenkan transcrite à l'aide de l'écriture n'ko. L'originalité de l'ouvrage entièrement rédigé en n'ko réside dans le fait que l'auteur a su mettre non seulement en parallèle la pensée sociologique occidentale et la pensée africaine traditionnelle, mais aussi a su trouver les équivalents des concepts scientifiques dans une langue africaine, le mandenkan, qui regroupe le bambara, le maninka, le dioula et le mandingo en Afrique de l'Ouest.

(Coédition Presses de l'Université Kofi Annan, Harmattan Guinée, 14.00 euros, 116 p.)

ISBN : 978-2-343-11985-4, ISBN EBOOK : 978-2-14-003552-4

ALPHA CONDÉ, L'OPPOSANT HISTORIQUE

Une école de la démocratie pour les Guinéens

Mara Facély II

Dans la nuit du 14 au 15 décembre 1998, est arrêté dans une bourgade guinéenne le candidat aux présidentielles, député et opposant politique, Alpha Condé. Le monde libre est stupéfait, la Guinée est ébranlée, déchirée... Arrestation ou kidnapping, procès et post-procès constituent les trois étapes majeures de « l'afaire Alpha Condé ». L'auteur fait état d'une « parodie de justice... utile ».

(Harmattan Guinée, 32.00 euros, 324 p.)

ISBN : 978-2-343-11635-8, ISBN EBOOK : 978-2-14-003385-8

CAPITAINE MOUSSA DADIS CAMARA

Une parenthèse guinéenne

Sidibe Yamoussa

Cet essai restitue l'enfance, l'adolescence et la vie adulte du bouillant capitaine de manière vivante et donne au lecteur le sentiment que cela se passe sous ses yeux. Les scènes sont en effet authentiques, tragiques, sensibles, touchantes... La violence des combats, les ruses visant à sauver la vie du président Dadis, les méditations silencieuses et douloureuses de ce dernier après le massacre du stade du 28 septembre sont relatées sans bienveillance, mais sans rancœur non plus...

(Harmattan Guinée, 17.50 euros, 162 p.)

ISBN : 978-2-343-11972-4, ISBN EBOOK : 978-2-14-003539-5

JE M'APPELLE CONAKRY

Récits, mémoires et souvenirs

Diallo Boubacar Yacine

Le choix de Conakry, capitale mondiale du livre en 2017, a réveillé en chacun de nous un brin de fierté. De la capitale dont on nous a tant vanté la beauté à celle d'aujourd'hui, qui est à la recherche de ses marques, les gens ont de grandes attentes. L'auteur s'est glissé dans la peau de Conakry, évoquant l'origine même de son nom, la vie de certains quartiers et de leurs habitants, l'intérêt des principaux monuments de la ville, mais surtout l'histoire prenante de cette capitale au destin étonnant...

(Harmattan Guinée, 11.00 euros, 78 p.)

ISBN : 978-2-343-12026-3, ISBN EBOOK : 978-2-14-003541-8

COOPÉRATION SINO-GUINÉENNE

De l'aide bilatérale au partenariat public-privé

Diallo Bah Aïssatou

Cet essai traite des liens de coopération entre la République de Guinée et la République populaire de Chine en fonction des changements politiques et socioéconomiques majeurs intervenus dans les deux pays, évoluant de la coopération bilatérale traditionnelle vers le partenariat public-privé. Il est fait un rappel du contexte historique et des principes des relations sino-guinéennes, puis une analyse de l'aide publique et, enfin, une étude des mutations intervenues.

(Harmattan Guinée, 16.00 euros, 144 p.)

ISBN : 978-2-343-10921-3, ISBN EBOOK : 978-2-14-003346-9

STRUCTURE DE LA FAMILLE GUINÉENNE
Éducation, transmission des valeurs familiales et citoyenneté
Cherif Alhassane
Ayant constaté l'inquiétant effondrement des valeurs familiales, sous-tendu par le manque de repères de la nouvelle génération à ce sujet, l'auteur s'interroge. Il faut nécessairement que cette génération sache d'où elle vient afin de percevoir où elle va. Il pousse un cri d'alarme et en appelle à toute la société afin que tous mesurent la portée de l'aide à apporter pour l'éducation et la transmission des valeurs disparues.
(Harmattan Guinée, 16.00 euros, 178 p.)
ISBN : 978-2-343-11235-0, ISBN EBOOK : 978-2-14-003343-8

TÉMOIGNAGES SUR L'ÉDUCATION
Tonguino Fara Pascal
Inspiré par les réalités quotidiennes, le thème de l'éducation est abordé sous une approche historique comme les survivances des traditions dans la formation des enfants. L'importance de la parole dans la pratique éducative est soulignée, les relations complexes entre acteurs et partenaires du système éducatif sont examinées, une place de choix est consacrée au rôle des jeux.
(Harmattan Guinée, 22.50 euros, 220 p.)
ISBN : 978-2-343-11237-4, ISBN EBOOK : 978-2-14-003540-1

HISTOIRE DE SIGUIRI
De l'implémentation coloniale à l'indépendance (1888-1958)
Conde Cheikh Fantamady - Préface de Baba Cheick Sylla
Si l'histoire de la Guinée est peu connue, celle des entités socio-culturelles qui la composent l'est encore moins. Cet ouvrage, qui s'appuie sur un vaste champ documentaire : témoignages, cartographie, archives coloniales, photographies... s'ouvre par un bref aperçu de la situation précoloniale de la région de Siguiri en évoquant les contradictions internes qui ont engendré, parfois, des luttes acharnées entre chefferies rivales pour la conquête du pouvoir. Sont abordées les péripéties de la résistance africaine dont l'échec a abouti à la mise en place du système colonial.
(Harmattan Guinée, 31.00 euros, 300 p.)
ISBN : 978-2-343-10906-0, ISBN EBOOK : 978-2-14-003396-4

LA TABLE RENVERSÉE
Barry Aminata
La table représentait l'espérance d'un magnifique peuple soudé autour d'un idéal qui pouvait se décliner de diverses manières. Ce peuple aussi épars que différent savait se rassembler aux instants historiques pour faire cause commune. Alors, comment en est-on arrivé à emprunter un chemin aussi tortueux ? Comment un aussi beau destin a-t-il pu se transformer en cauchemar ?
(Harmattan Guinée, 14.00 euros, 122 p.)
ISBN : 978-2-343-11986-1, ISBN EBOOK : 978-2-14-003542-5

LE « SYLI NATIONAL » DE 1958 À 1984
Regard sur la sélection guinéenne de football
Conde Cheick Fantamady
Dès le mois de décembre 1958, alors que l'indépendance du pays venait à peine d'être proclamée, la Guinée mit sur pied sa première sélection nationale de football. Celle-ci prit, quelques années plus tard, le nom de «Syli national». Entre 1958 et 1984, les résultats du onze guinéen ont évolué en dents de scie. Le Syli figure cependant parmi les formations africaines les plus redoutables du premier quart de siècle des indépendances africaines.
(Harmattan Guinée, 28.00 euros, 296 p.)
ISBN : 978-2-343-11858-1, ISBN EBOOK : 978-2-14-003534-0

L'HARMATTAN ITALIA
Via Degli Artisti 15; 10124 Torino
harmattan.italia@gmail.com

L'HARMATTAN HONGRIE
Könyvesbolt ; Kossuth L. u. 14-16
1053 Budapest

L'HARMATTAN KINSHASA
185, avenue Nyangwe
Commune de Lingwala
Kinshasa, R.D. Congo
(00243) 998697603 ou (00243) 999229662

L'HARMATTAN CONGO
67, av. E. P. Lumumba
Bât. – Congo Pharmacie (Bib. Nat.)
BP2874 Brazzaville
harmattan.congo@yahoo.fr

L'HARMATTAN GUINÉE
Almamya Rue KA 028, en face
du restaurant Le Cèdre
OKB agency BP 3470 Conakry
(00224) 657 20 85 08 / 664 28 91 96
harmattanguinee@yahoo.fr

L'HARMATTAN MALI
Rue 73, Porte 536, Niamakoro,
Cité Unicef, Bamako
Tél. 00 (223) 20205724 / +(223) 76378082
poudiougopaul@yahoo.fr
pp.harmattan@gmail.com

L'HARMATTAN CAMEROUN
TSINGA/FECAFOOT
BP 11486 Yaoundé
699198028/675441949
harmattancam@yahoo.com

L'HARMATTAN CÔTE D'IVOIRE
Résidence Karl / cité des arts
Abidjan-Cocody 03 BP 1588 Abidjan 03
(00225) 05 77 87 31
etien_nda@yahoo.fr

L'HARMATTAN BURKINA
Penou Achille Some
Ouagadougou
(+226) 70 26 88 27

L'HARMATTAN SÉNÉGAL
10 VDN en face Mermoz, après le pont de Fann
BP 45034 Dakar Fann
33 825 98 58 / 33 860 9858
senharmattan@gmail.com / senlibraire@gmail.com
www.harmattansenegal.com

www.ingramcontent.com/pod-product-compliance
Lightning Source LLC
LaVergne TN
LVHW011014061026
849535LV00006B/1882